essentials

essentials liefern aktuelles Wissen in konzentrierter Form. Die Essenz dessen, worauf es als „State-of-the-Art" in der gegenwärtigen Fachdiskussion oder in der Praxis ankommt. *essentials* informieren schnell, unkompliziert und verständlich

- als Einführung in ein aktuelles Thema aus Ihrem Fachgebiet
- als Einstieg in ein für Sie noch unbekanntes Themenfeld
- als Einblick, um zum Thema mitreden zu können

Die Bücher in elektronischer und gedruckter Form bringen das Expertenwissen von Springer-Fachautoren kompakt zur Darstellung. Sie sind besonders für die Nutzung als eBook auf Tablet-PCs, eBook-Readern und Smartphones geeignet. *essentials:* Wissensbausteine aus den Wirtschafts-, Sozial- und Geisteswissenschaften, aus Technik und Naturwissenschaften sowie aus Medizin, Psychologie und Gesundheitsberufen. Von renommierten Autoren aller Springer-Verlagsmarken.

Weitere Bände in dieser Reihe http://www.springer.com/series/13088

Daniel Goetz · Eike Reinhardt

Führung: Feedback auf Augenhöhe

Wie Sie Ihre Mitarbeiter
erreichen und klare Ansagen
mit Wertschätzung verbinden

Daniel Goetz
agateno – Beratung
Training & Coaching
Köln, Deutschland

Eike Reinhardt
agateno – Beratung
Training & Coaching
Köln, Deutschland

ISSN 2197-6708   ISSN 2197-6716   (electronic)
essentials
ISBN 978-3-658-15730-2   ISBN 978-3-658-15731-9   (eBook)
DOI 10.1007/978-3-658-15731-9

Die Deutsche Nationalbibliothek verzeichnet diese Publikation in der Deutschen National-
bibliografie; detaillierte bibliografische Daten sind im Internet über http://dnb.d-nb.de abrufbar.

Springer Gabler

Gedruckt auf säurefreiem und chlorfrei gebleichtem Papier

Springer Gabler ist Teil von Springer Nature
Die eingetragene Gesellschaft ist Springer Fachmedien Wiesbaden GmbH
Die Anschrift der Gesellschaft ist: Abraham-Lincoln-Strasse 46, 65189 Wiesbaden, Germany

Vorwort

Es gehört **zum guten Handwerkszeug einer Führungskraft**, aussagekräftiges und wirkungsvolles Feedback geben zu können.

Feedback ist ein Werkzeug, um Resonanz im Unternehmen zu erzeugen. Dabei ist es nicht nur ein nützliches Instrument für die persönliche Entwicklung, sondern v. a. auch für Wandel und Wachstum im Unternehmen. Kooperation braucht klare und regelmäßige Rückmeldungen. Zu gutem Feedback gehören sowohl eine wertschätzende Haltung als auch die Bereitschaft, zuzuhören und sich zu reflektieren.

Wir alle kennen das: Manchmal trifft uns ein Kommentar, eine Rückmeldung oder ein noch so wohlgemeintes Feedback. Wir fühlen uns verletzt, herabgesetzt, herausgefordert, zum Widerstand angeregt, ungerecht behandelt, hilflos oder manchmal sogar wie gelähmt. Wäre es nicht genial, wenn wir selbst die Kompetenz besäßen, uns auf das Verhalten oder die Äußerungen eines anderen zu beziehen – ohne bei diesem solche Empfindungen auszulösen? **Feedback geben, das klar und herzlich ist? Das geht!**

Haben Sie schon einmal Feedback erhalten, das Ihnen nicht geschmeckt hat? Das vielleicht anmaßend oder „von oben herab" war? Oder Sie einfach nur im völlig falschen Moment erwischt hat? Häufig ist es weniger das, WAS der andere gesagt hat, sondern WIE er es gesagt hat. **Wenn Sie es besser machen wollen, finden Sie in diesem *essential* alle Grundlagen und Geheimnisse für Feedback auf Augenhöhe.**

Führen im digitalen Zeitalter und unter dem Einfluss der digitalen Transformation macht Feedback von „Mensch zu Mensch" nicht obsolet, sondern umso kostbarer. Der individuelle Austausch und die persönliche Bindung bleiben wichtig. Und dazu ist Feedback eine Möglichkeit. Gleichzeitig muss es neue Formen von Kontakt geben, z. B. durch regelmäßige „Meetings" am Telefon. Führen ohne Präsenz braucht umso mehr den regelmäßigen Austausch.

Die aufgrund des demografischen Wandels „wertvolle" (weil rare) Generation Y hat ein ausgeprägtes Bedürfnis (und eine Erwartungshaltung) nach aussagekräftigem und v. a. **empathischem Feedback.** Gerade „Digital Natives" suchen wertschätzende Führung.

> **Für Leserinnen und Leser:** Aus Gründen der Gewohnheit und leichteren Lesbarkeit verwenden wir vor allem die maskuline Flexion von Begriffen („der Vorgesetzte"). Angesprochen fühlen sollen sich natürlich männliche wie weibliche Menschen. Wir bitten diesbezüglich um Nachsicht und Sie, liebe Leserin, dies jeweils wohlwollend mitzudenken.

Köln, Deutschland   Daniel Goetz
                                                          Eike Reinhardt

Inhaltsverzeichnis

Vorteile von Feedback und Resonanz im Unternehmen

1.1 Was ist Feedback – was nicht?

Im allgemeinen Verständnis und auch in der Literatur gibt es keine allgemeingültige Auffassung darüber, was Feedback genau ist. Häufig wird darunter eine ganze Reihe höchst unterschiedlicher Rückmeldungen verstanden. Die Merkmale von gutem Feedback finden sich in Abschn. 4.1.

Feedback als Form der Resonanz
Feedbackgeben ist ein Prozess, in den Geber und Nehmer gleichermaßen eingebunden sind. Machen Sie sich bewusst, dass – wie bei jedem kommunikativen Akt – der Feedbacknehmer ebenso daran beteiligt ist wie der Feedbackgeber. Sinnbildlich gesprochen ist es eher ein Akt des Geschenkeüberreichens und weniger ein simples Zustellen eines Pakets. Die gute Nachricht ist: Sie als Feedbackgeber können erheblich dazu beitragen, dass der Feedbacknehmer dies ebenso sieht.

Resonanz (von lateinisch „resonare" = „widerhallen") bedeutet das Mitschwingen eines Systems: äußere oder innere Reize werden aufgegriffen, verstärkt und bringen es zum „Klingen". Ohne diese Reize bleibt ein System leblos und stumm. In Abschn. 1.2 werden die positiven Auswirkungen eines „schwingenden" Systems deutlich. Feedback ist einer dieser nützlichen Reize, die ein System in Schwingungen versetzen.

„Man kann nicht nicht-kommunizieren." – lautet ein bekannter Satz von Paul Watzlawick (2011, S. 60), einem der großen Kommunikationsforscher. Stimmt – allerdings bezeichnet man sinnvollerweise **nicht jede Rückmeldung als „Feedback".** Nützlicher ist es, unterschiedliche Arten von Rückmeldungen zu unterscheiden. Wie das geht, erfahren Sie in diesem *essential*.

© Springer Fachmedien Wiesbaden GmbH 2017
D. Goetz und E. Reinhardt, *Führung: Feedback auf Augenhöhe,* essentials,
DOI 10.1007/978-3-658-15731-9_1

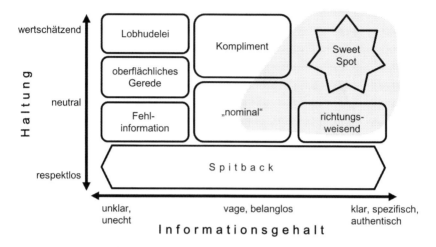

Abb. 1.1 Feedback in der Matrix der Rückmeldungen

1.1.1 Gutes Feedback: klar und wertschätzend

Gutes Feedback ist klar formuliert (Informationsgehalt) und wertschätzend ausgedrückt (Haltung). Je stärker die Ausprägung auf diesen beiden Achsen (Abb. 1.1 und Tab. 1.1), desto nützlicher ist Ihr Feedback und umso eher kommt es beim Feedbacknehmer auch an.

Die eingezeichnete „Wolke" markiert den Bereich des potenziell als nützlich wahrgenommenen Feedbacks.

- Achse der **Haltung:** Wertschätzung drückt sich aus in der Art und Weise, in der eine Information/ein Feedback dargebracht wird. Ganz unten lauern respektlose, ‚giftige' oder sogar boshafte Aussagen. In der Mitte wird Feedback emotionslos-neutral und ‚technisch' vermittelt. Im oberen Bereich wird das Feedback auf wertschätzende, verbindliche und damit beziehungsstärkende Weise dem Feedbacknehmer nähergebracht.
- Achse des **Informationsgehalts:** Links steht die unaufrichtige oder nicht authentische Fehlinformation. In der Mitte schlummern die vagen oder belanglosen Informationen. Rechts sind die klaren, spezifischen, aufrichtigen und authentischen Informationen positioniert.

Tab. 1.1   Feedback in der Matrix der Rückmeldungen

Qualität des Feedbacks	Wirkung beim Feedbacknehmer
Nützliches „Geschenk": Der „Sweet Spot" für Ihr Feedback.	Wird sehr gerne angenommen und als nützlich erlebt. → Wirkungsgrad: sehr hoch
„Lobhudelei" und „oberflächliches Gerede": Der Form nach nette Worte, die aber keinen Informationsmehrwert liefern.	Wird i. d. R. durchschaut und dann als belanglos oder ggf. sogar als unglaubwürdig bewertet. → Wirkungsgrad: niedrig bis mittel
Kompliment: Eine ehrlich gemeinte, nette Aufmerksamkeit.	Wird gerne angenommen und stärkt die Beziehung – auch wenn die Informationen selbst nicht neu sind. → Wirkungsgrad: mittel
Neutrale Fehlinformationen: Die Rückmeldung öffnet keine neue Sichtweisen, ist „nur so daher gesagt" und lässt auch keine besondere Wertschätzung erkennen.	Die Rückmeldung wird i. d. R. abgewertet, da als „nicht stimmig" wahrgenommen; den Äußerungen des Feedbackgebers wird zukünftig weniger Bedeutung beigemessen. → Wirkungsgrad: niedrig
„Nominal" + neutral: Die Rückmeldung sagt nur aus, „ob es so OK ist oder nicht" – aber nicht, inwiefern es besser ginge.	Je nach Unternehmenskultur als „Standard" oder schon negativ bewertet; selten beziehungsstärkend. → Wirkungsgrad: mittel bis hoch
„Richtungsweisend" + neutral: Die Rückmeldung sagt auch aus, wie oder zumindest in welche Richtung es besser ginge.	Auch kaum beziehungsstärkend, aber immerhin „eine Prüfung wert". → Wirkungsgrad: eher hoch
„Spitback": Ohne Wertschätzung geht gar nichts. Respektlos vorgetragenes Feedback.	Kränkung und Abwehr. → Wirkungsgrad: sehr niedrig

1.1.2   Feedback von anderen Aussagen differenzieren

In vielen Unternehmen werden Begriffe wie Feedback-, Mitarbeiter- oder Zielvereinbarungsgespräche unterschiedlich verwendet oder sogar innerhalb eines Unternehmens undifferenziert gemischt. Zu den eher **formellen** Gesprächen zählen:

Mitarbeitergespräche   (im Englischen auch IDP genannt: Individual Development Plans): Diese sind primär entwicklungsorientiert angelegt. Sie befassen sich mit den Stärken und Schwächen sowie den daraus abzuleitenden Entwicklungsmöglichkeiten des

Mitarbeiters. Soziales Feedback kann Teil dieser Gespräche sein, ist dabei jedoch häufig formalisiert. Denn dabei spielen auch rechtliche Aspekte eine Rolle (die in diesem *essential* nicht behandelt werden). Diese Gespräche werden häufig schriftlich dokumentiert.

Zielvereinbarungs-gespräche (i. S. des Management by Objectives) Diese sind primär leistungsorientiert angelegt. Häufig fehlt hier der Aspekt des sozialen Feedbacks. Das Erreichen der vereinbarten Zielgrößen hat teilweise unmittelbare Auswirkungen auf die Aufstiegs- oder Gehaltschancen.

„Feedbackgespräche" Der Begriff ist oft ein Sammelbecken für diverse Rückmeldungen. Häufig steht dabei die Leistungsbeurteilung im Vordergrund. Manchmal geht es jedoch auch nur um den Leistungsstand eines Projektes – ohne überhaupt soziales Feedback oder auch die Kompetenzen des Mitarbeiters anzusprechen.

Daneben gibt es die eher informellen Rückmeldungen – ob spontan oder auch ritualisiert, bei denen soziales Feedback leichter seinen Platz findet.

Feedback in diesem *essential*
Feedback im Verständnis dieses *essentials* bezieht sich vor allem auf **soziales Feedback,** d. h. zwischenmenschliches Handeln. Hier dient Feedback v.a. als Perspektivpreisgabe. Dies kann in vielen Fällen Teil der erbrachten Leistung sein (z. B. bei Kundenkontakt), muss es jedoch nicht (z. B. bei der Beurteilung von quantifizierten Zielen).

Bei Rückmeldungen zur erbrachten Leistungen **(Leistungsfeedback/-beurteilung)** steht die Bewertung oder Einschätzung im Vordergrund. Im betrieblichen Kontext wird der Begriff auch genutzt, um Zielvereinbarungen aufzuarbeiten (was nützlich und wertvoll ist). Feedbacks dieser Art geben die Möglichkeit, die eigene Leistung einschätzen zu können. Problematisch wird es jedoch, wenn dies mit der Beurteilung der Person verwechselt oder vermischt wird. Dies geschieht im betrieblichen Alltag leider häufig.

Beispiel für ein Leistungsfeedback
„Ich bin mit Ihren Leistungen des vergangenen Quartals nicht zufrieden. Die Anzahl der Verkaufsabschlüsse [Kundenbeschwerden/Fehler] entspricht nicht den Erwartungen, die ich an Sie als meinen Mitarbeiter habe. Ihre Leistung liegt im unteren Viertel aller bei uns Beschäftigen."

Soziales Feedback	bezieht sich auf zwischenmenschliches Handeln und Kommunikation.
Leistungsfeedback/ -beurteilung	stellt die Bewertung und Einschätzung erbrachter Leistungen in den Vordergrund.

Die Übergänge zwischen sozialem und Leistungsfeedback sind dabei manchmal fließend und beide Aspekte sind Teil einer aktiven Resonanzkultur.

Kein Feedback (im engeren Sinne)
Es ist sinnvoll, Feedback gegenüber anderen Aussagen zu differenzieren und sich damit zu vergegenwärtigen, was Feedback eben nicht ist.

Bitte
Die Bitte basiert prinzipiell auf Freiwilligkeit und betont die Beziehungsqualität. Der Empfänger kann die Bitte ablehnen. Ob das Ausschlagen der Bitte tatsächlich als möglich oder angemessen empfunden wird, liegt auch an der systemischen Abhängigkeit (z. B. durch formelle oder informelle Hierarchie oder auch Aspekte von Seniorität).

Beispiel
„Herr Schneider, ich sehe Sie so selten am späten Nachmittag noch im Büro. Ich weiß, Sie kommen morgens sehr früh, aber vielleicht können Sie das häufiger mal anders machen. Dann haben Ihre Kollegen mehr von Ihnen und die Vereinbarung von Terminen wird leichter. Ist das möglich?" – Je nach Unternehmen kann die obige Formulierung auch durchaus schon als Anweisung verstanden werden.

Anweisung
Anders als bei der Bitte beruft sich der Anweisende hier auf eine hierarchische oder sonstige Autorität gegenüber dem Empfänger der Anweisung. Aus Gründen der Höflichkeit kann die Anweisung wie eine Bitte formuliert sein.

Beispiel

„Bitte seien Sie ab jetzt jeden Morgen spätestens um 8.30 Uhr am Arbeitsplatz."

Selbstaussage

Hier gibt der Sprecher bewusst oder unbewusst etwas vom eigenen inneren Erleben preis. Gelegentlich werden solche Aussagen zwar eingeleitet mit Formulierungen wie: *„Ich möchte Ihnen mal ein Feedback geben"* – das ist jedoch keineswegs eine Garantie dafür, dass dann auch ein echtes Feedback kommt. Eine Selbstaussage kann durchaus Teil eines Feedbackgesprächs sein. Gerade wenn es um Aspekte der Beziehung geht, ist dies auch notwendig. Zudem informiert es den Feedbacknehmer über die Wirkung, die sein Verhalten beim Feedbackgeber ausgelöst hat. Es fehlen jedoch häufig die Aspekte der sinnesspezifischen Rückmeldung sowie der Potenzialorientierung oder Handlungsoption, die sinnvollerweise Teil eines Feedbacks sind (siehe Abschn. 4.1).

Negativbeispiel

„Ich bin enttäuscht von Ihnen. Das hatte ich mir wirklich anders vorgestellt, als wir damals die Vereinbarung getroffen haben." Oder: *„Das haben Sie toll gemacht, ich bin begeistert."* – Die beiden Sätze vermischen Selbstaussagen mit Fakten bzw. Bewertungen. Beides sollte vermieden werden. Besser ist es, Selbstaussagen unabhängig von anderen Aspekten zu machen und das eigene Empfinden nicht als Urteil über den anderen zu formulieren.

Besser formuliert

„Meiner Meinung nach haben Sie das toll gemacht. Ich bin begeistert." – Hier sind beide Sätze (Bewertung und Selbstaussage) deutlich aus der Ich-Perspektive formuliert.

Werturteil ohne Subjekt

Das ist der Klassiker schlechter Kommunikation, der nahezu unmittelbar die Beziehung der Beteiligten beeinträchtigt. Hier identifiziert sich der Sprecher nicht explizit, sondern versteckt sich hinter einer anonymen Instanz. Die Aussagen wirken wie über jeden Zweifel erhaben.

Beispiel

„So können Sie unser Unternehmen nicht repräsentieren."

Selbstcheck
Beobachten Sie, welche Aussagen Sie den Tag über machen, wenn Sie anderen Menschen eine Rückmeldung geben. Analysieren Sie, welcher Art Ihre Aussagen sind.

- Wann formuliere ich eine Bitte, wann eine Anweisung oder ein Urteil? Wann mache ich eine Selbstaussage? Wann eine vermeintlich allgemeingültige Aussage?
- Unterscheide ich die unterschiedlichen Aussagen bewusst und deutlich voneinander – oder vermische ich sie?
- Nutze ich die jeweiligen Aussagen zum angemessenen Zeitpunkt?

1.1.3 Lob ist süßes Gift

„In Unternehmen wird zu wenig gelobt." lautet eine populäre Aussage. Richtig ist: In Unternehmen sollte mehr Anerkennung ausgesprochen werden. Allerdings nicht in Form von Lob, sondern als Anerkennung auf Augenhöhe.

▷   Lob beinhaltet ein Hierarchieverständnis, das sich in einer asymmetrischen Kommunikation ausdrückt.

„Das haben Sie gut gemacht. Weiter so!" – Wer hat es gesagt? Könnten Sie sich vorstellen, dass dies ein Mitarbeiter zu seinem Chef sagt? Eher nicht. Hierarchieneutral formuliert könnte der Satz lauten: *„Aus meiner Sicht ist Ihr Beitrag sehr gut gelungen. Vielen Dank dafür!"* Hier könnten sowohl der Vorgesetzte als auch der Mitarbeiter der Sprecher sein. Neben der Formulierung spielen natürlich auch die non- und paraverbalen Aspekte (Abschn. 4.1) von Kommunikation eine wichtige Rolle.

Die Nachteile von Lob
Lob infantilisiert und wirkt schnell gönnerhaft. Menschen haben ein feines Gespür für Statusunterschiede. In hierarchischen Unternehmen wird Lob als Ausdruck von Anerkennung noch erwartet – die meisten Unternehmen streben jedoch inzwischen Kommunikation auf Augenhöhe an. Hier kommt Lob schnell als herablassend an.

Lob wird als bloßes Mittel zum Zweck wahrgenommen. Lob bewertet häufig nur das Endresultat einer Leistung. Für den Leistenden ist es jedoch oft viel wichtiger, dass seine Anstrengung (zur Erreichung dieser Leistung) gewürdigt wird. Statt nur den erfolgreichen Projektabschluss zu loben, ist die Anerkennung der langen Arbeitstage, des Urlaubsverzichts oder der schwierigen Kommunikation mit dem Kunden für den Mitarbeiter häufig viel wichtiger. Ein Lob ohne Anerkennung der Bemühungen wird von Mitarbeitern leicht missverstanden als reines „Zuckerbrot" und als Aufforderung, noch schneller und härter zu arbeiten.

Lob ist gesichtslos. Lobende Formulierungen haben häufig einen generalisierenden Charakter, der die Identität des Sprechers maskiert. Der Lobende gibt weniger seine eigene persönliche Einschätzung preis, sondern fällt dem Anschein nach ein allgemeingültiges Urteil.

Lob macht die Mitarbeiter süchtig. Lob kann etwas sehr Schönes sein, denn es bekundet Anerkennung für die eigene Leistung. Doch als Form der extrinsischen Motivation hält Lob selten lange vor. Der Belobigte arbeitet tendenziell weniger aus dem inneren Antrieb heraus, sondern für das Lob des Vorgesetzten. Entsprechend demotiviert ist er, wenn dieses Lob trotz guter Leistung dann ausbleibt.

Lob erschöpft die Führungskraft. Lob kann Mitarbeiter kurzfristig motivieren. Doch es erzeugt auch den Zwang, gute Leistung loben zu müssen, um den Motivationsschub zu erneuern. Viele Führungskräfte empfinden diese Form des „Loben-Müssens" als Belastung.

▷ **Tipp** Setzen Sie Lob sparsam ein. Nutzen Sie andere Formen der Anerkennung und Wertschätzung.

1.1.4 Anerkennung auf Augenhöhe

Verdeutlichen Sie sich die Unterschiede zwischen Wertschätzung, sozialer Anerkennung und Lob.

Wertschätzung   Wertschätzung ist es eine bedingungslose, positive und wohlwollende Haltung sich selbst und anderen gegenüber. Sie ist also keine Anerkennung oder ein Lob für erbrachte Leistungen. Wertschätzung wird dem Menschen bereits für sein „so sein" entgegengebracht.

Soziale Anerken-nung	Anerkennung wird für den gezeigten Einsatz und die damit verbundenen Mühen ausgedrückt. Diese Mühen können von Erfolg gekrönt sein. Doch auch ein gescheitertes Projekt kann eine Anerkennung wert sein, wenn sich der Mitarbeiter dafür intensiv engagiert hat.
Lob bzw. Aner-kennung für die vollbrachten Leis-tungen (Resultate)	Die Goldmedaille beim sportlichen Wettkampf oder das Bild mit dem „Verkäufer des Monats" sind die Symbole dieser Anerkennung. Sie ehren jedoch nur das Ergebnis, nicht bereits die Mühen des Athleten bzw. Mitarbeiters.

Wie lässt sich soziale Anerkennung auf Augenhöhe aussprechen?

Erheben Sie Urheberschaft auf Ihr Urteil
Geben Sie sich klar als Urheber Ihrer Meinung zu erkennen, statt sich hinter floskelhaften und gesichtslosen „man"-Formulierungen zu verstecken. Weisen Sie sich als Bezugspunkt aus, statt sich auf eine nicht näher identifizierte Instanz zu beziehen. Statt zu sagen: *„Das haben Sie gut gemacht."* Nutzen Sie die Formulierung: *„Aus meiner Sicht haben Sie das gut gemacht."*

Machen Sie sich selbst zum Benchmark
„Also ich muss schon sagen: alle Achtung! Ich weiß nicht, ob ich das so elegant hinbekommen hätte wie Sie. Von Ihren kommunikativen Fähigkeiten schneide ich mir gerne eine Scheibe ab."

Danken Sie
„Ich bin beeindruckt, wie gewissenhaft Sie an dieser Stelle nachgehakt haben. Ich danke Ihnen für Ihre Beharrlichkeit in diesem Punkt."

Freuen Sie sich mit
„Ich freue mich über das, was Sie geleistet haben. Ihr Vorbild bringt uns alle in der Abteilung weiter."

1.2   Welchen Nutzen stiftet Feedback?

Menschen brauchen Resonanz. Erfährt ein Mensch keine Resonanz, so fühlt er sich wirkungslos – beliebig – austauschbar. Das ist fast das Schlimmste, was einem Menschen passieren kann.

▶ Menschen definieren sich über Resonanz – den Unterschied, den sie in der Welt machen, die Reaktionen, die sie bekommen. Sie nehmen sich selbst überhaupt erst dadurch wahr. Wir wüssten nicht, wer wir sind, wenn wir keine Resonanz erlebten (Kasten 2011).

Der Neurobiologe Joachim Bauer schreibt in seinem Buch „Prinzip Menschlichkeit" (2006, S. 37): „*Motivationssysteme schalten ab, wenn keine Chance auf soziale Zuwendung besteht.*" Menschen sind biologisch ausgelegt auf soziale Resonanz und Kooperation.

Mangelhaftes Feedback …

- demotiviert
- kann als verletzend empfunden werden
- belastet die Beziehung zwischen Feedbackgeber und -nehmer
- ist nicht nützlich, da es selten eine konkrete Veränderung bewirkt
- ist für den Feedbacknehmer nicht hilfreich
- vergiftet das Unternehmensklima
- vergeudet Ressourcen, da das Potenzial der Mitarbeiter nicht ausgeschöpft wird
- führt zu mehr AU-Tagen/krankheitsbedingten Ausfällen
- führt zu "Dienst nach Vorschrift" oder passiver Arbeitsverweigerung
- fühlt sich häufig auch für den Feedbackgeber schlecht an – dem genauso an einer guten Beziehung zum Gesprächspartner liegt, wie umgekehrt
- verhindert, die Motive und Perspektiven des Gesprächspartners kennenzulernen

Vorteile einer lebendigen Resonanzkultur im Unternehmen
Resonanz kann die Produktivität unmittelbar erhöhen. Zahlreiche Studien belegen den positiven Einfluss einer gelebten Resonanzkultur auf den unternehmerischen Erfolg: Gallup-Studie (jährlich seit 2002, Tödtmann 2015); Fehlzeitenreport Deutschland (Badura et al. 2011); Meta-Analyse (Stajkovic und Luthans 2003); mehr bei Goetz und Reinhardt (2016).

Zu den Vorteilen von Resonanz und Wertschätzung im Unternehmen zählen:

- mehr Engagement der Mitarbeiter
- weniger krankheitsbedingte Ausfälle (AU-Tage)
- mehr emotionale Bindung an das Unternehmen
- höhere Produktivität
- höhere Rentabilität
- höhere Attraktivität für künftige Bewerber

Es ist die Kernaufgabe der Führung, Feedback zu geben und für eine gute Resonanz im Unternehmen zu sorgen.

⟩ Menschen wollen gesehen werden, d. h. sich als wirkungsvoll erleben, und sich zugehörig und eingebunden fühlen.

Die grundlegende Angst vor Ausgrenzung lässt uns auf kritische Rückmeldungen sensibel, und teilweise unangemessen, reagieren. Management-Guru Dr. Reinhard Sprenger (2012, S. 122) hat es so zusammengefasst: *„Menschen kommen zu Unternehmen – aber sie verlassen Vorgesetzte."* Auch (und gerade!) die Generation Y hat ein hohes Bedürfnis nach wertschätzender Kommunikation und Anerkennung. Rita Gunther McGrath (2014), Professorin an der Columbia Business School, ruft das **„Zeitalter der Empathie"** aus – Menschen wollen und brauchen einen neuen Führungsstil.

Das 1×1 des Feedbacks: Grundlagen + Modelle

2

2.1 Gut zu wissen: Nützliche Modelle zum Feedback

Kluges Wissen über Kommunikation füllt ganze Bibliotheken. Hier wollen wir an die nützlichsten Modelle für erfolgreiches Feedbackgeben erinnern.

2.1.1 Alles nur konstruiert – Perspektiven auf die Welt

Subjektive Realitäten bestimmen unser Leben. Wir leben in einer Welt der individuell verzerrten Wirklichkeiten: Augenzeugen schwören, die Wahrheit zu sagen – und liegen dabei doch objektiv häufig völlig falsch (Heubrock 2010; Wells und Loftus 2013). Doch nicht nur die Forensik weiß davon ein Lied zu singen. Filme wie „Matrix" oder auch „Inception" treiben das Spiel mit der konstruierten Wirklichkeit auf die Spitze – oder versinnbildlichen sie es nur? Die Denkrichtung des Konstruktivismus postuliert, dass wir sinnvollerweise keine Aussage über „die Wirklichkeit" machen sollten. Und doch tun wir alle es täglich. Wir sprechen über unsere „Wahrheit" – und sind i. d. R. irrigerweise der Annahme, genau diese würde auch für alle anderen gelten.

Es ist vor diesem Hintergrund an sich schon ein Wunder, dass sich zwei Menschen miteinander verständigen können. **Feedback ist ein Instrument, das bei achtsamem Einsatz den Austausch über unterschiedliche Perspektiven ermöglicht.** Auf diese Weise nähern wir uns zumindest einer hinreichend **„gemeinsam geteilten Gegenwart"** (Tom Andreas 2015) an.

© Springer Fachmedien Wiesbaden GmbH 2017
D. Goetz und E. Reinhardt, *Führung: Feedback auf Augenhöhe*, essentials,
DOI 10.1007/978-3-658-15731-9_2

> ▶ **Tipp** Bevor Sie Feedback geben, machen Sie sich immer wieder aufs
> Neue bewusst: Jeder Mensch (auch Ihr Gesprächspartner) hat seine –
> für ihn absolut reale – Wirklichkeit. Und selbst Ihre eigene Wirklichkeit
> – mit all Ihren Wahrnehmungen, Bewertungen, Werten und Überzeu-
> gungen – ist „nur" eine mögliche Sicht auf die Welt.

2.1.2 Kommunikationsmodelle: Die vier Seiten einer Nachricht – und das Wesen der Kommunikation

Zwei sich ergänzende Kommunikationsmodelle erleichtern es, sich Feedback mit der angemessenen Haltung zu nähern.

Die vier Seiten einer Nachricht – das Modell nach Schultz von Thun
Friedemann Schulz von Thun (1981) identifiziert in seinem „Kommunikations-
quadrat" vier Aspekte einer Nachricht:

- **Sachinhalt:** Worüber informiere ich? (Zahlen, Daten, Fakten, …)
- **Selbstoffenbarung:** Was gebe ich von mir preis? (Werte, Grundhaltungen, Bedürfnisse, Gefühle, …)
- **Beziehung:** Was halte ich vom anderen? Wie stehe ich zu ihm? (ausgedrückt in Formulierung, Tonfall, Mimik, Gestik, …)
- **Appell:** Was möchte ich beim anderen erreichen? (Wunsch, Ratschlag, Anwei-sung, …)

Eine Botschaft wird dabei vom Sender mit seinen vier „Schnäbeln" (Schulz von Thun) codiert – und nach Übermittlung vom Empfänger mit dessen vier „Ohren" decodiert. Dabei kann es leicht zu Missverständnissen und in der Folge zu zwi-schenmenschlichen Problemen kommen. Die obigen Aspekte können bewusst oder unbewusst sowie explizit oder implizit kommuniziert werden. Sender und Empfänger sind dabei gleichermaßen für die Qualität der Kommunikation verant-wortlich.

Beispiel
Illustration von Missverständnissen in der Kommunikation (nach Schulz von Thun): Ein Ehepaar sitzt beim gemeinsamen Abendessen. Der Mann sieht Kapern in der Soße und fragt: *„Was ist das Grüne in der Soße?"* – Die Frau antwortet gereizt: *„Mein Gott, wenn es dir hier nicht schmeckt, kannst du ja woanders essen gehen!"* Tab. 2.1 zeigt die Aufschlüsselung in die vier genannten Aspekte.

Tab. 2.1 Vier Seiten einer Nachricht

Ebene	Ehemann meint zu sagen …	Ehefrau meint zu hören …
Sachinhalt	*Da ist was Grünes.*	*Da ist was Grünes.*
Selbstoffenbarung	*Ich weiß nicht, was es ist.*	*Mir schmeckt das nicht.*
Beziehung	*Du wirst es wissen.*	*Du bist eine miserable Köchin!*
Appell	*Sag mir, was es ist.*	*Lass nächstes Mal das Grüne weg!*

▷ **Tipp** Machen Sie sich bewusst, dass auch jede noch so gut gemeinte oder scheinbar „neutral und sachlich" vorgetragene Äußerung (verbal oder nonverbal) missverstanden werden kann.

In der Kommunikation gibt es keine Garantien und Sicherheiten. Aber Sie können viel dafür tun, dass Ihr Feedback „richtig" ankommt.

Die indigene Vorstellung eines Wesens der Kommunikation
Indigene Kulturen, bei denen die Autoren selbst geforscht haben, nutzen ein organischeres Verständnis von Kommunikation. Statt der technischen Metapher eines definierten Senders und Empfängers verstehen manche indigene Kulturen **Kommunikation als lebendiges Wesen,** das genährt werden will. Jedes Gespräch ist ein gemeinsamer Austauschprozess – kein aktives Senden und passives Empfangen von Botschaften. Menschen kommen in diesem Sinne nicht als klar abgrenzbare Identitäten zueinander, sondern in der Form von „Erfahrungswolken", zwischen denen etwas Neues entsteht (Abb. 2.1).

Abb. 2.1 Das Wesen der Kommunikation

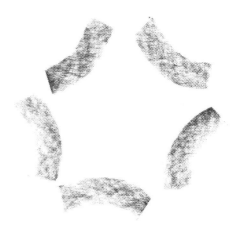

Die grundlegende Metapher, die wir für Kommunikation verwenden, beeinflusst, wie wir Kommunikation erleben. Indigene (nicht-technologische) Kulturen begreifen Kommunikation in biologischen Abläufen und lassen ihre Auffassung von einer umfassenden „Beseeltheit" der Natur einfließen. Entsprechend „lebendig" ist auch ihr Verständnis von Kommunikation.

> **Tipp** Nutzen Sie diese organischere Metapher, wenn Sie kommunizieren – gerade auch in Feedbackgesprächen. So gelingt es Ihnen vielleicht noch leichter, sich dem Gesprächspartner mit der richtigen Haltung zu nähern.

Weitere Informationen zur Anwendung des Wesens der Kommunikation im Business-Alltag bei Goetz und Reinhardt (2016).

2.1.3 Johari-Fenster: Der Blick aus dem Fenster weitet den Horizont

Ein einfaches Modell macht den Nutzen von Feedback verständlich: das sogenannte Johari-Fenster (Abb. 2.2). Es verdeutlicht den Unterschied zwischen Eigen- und Fremdwahrnehmung. Tab. 2.2 schlüsselt die vier Bereiche auf, denen Informationen zu einer Person zugeordnet werden.

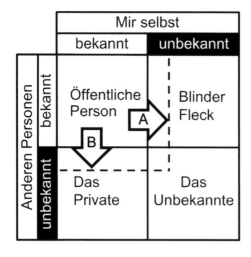

Abb. 2.2 Johari-Fenster

Tab. 2.2 Johari-Fenster

Bereich	Beispiel
Der öffentliche Bereich: Dies sind Informationen, die sowohl der jeweiligen Person als auch deren Umfeld bekannt sind.	Die Person hält regelmäßig und souverän Vorträge und Reden. Sie zählt diese Kompetenz zu ihren Stärken und auch das Umfeld nimmt dies so wahr.
Der private Bereich: Informationen in diesem Bereich sind das Geheimnis der Person und nur ihr selbst bekannt (bzw. anderen Personen, die zu diesem Vertrauensbereich Zugang haben).	Die Person ist trotz der nach außen hin sichtbaren Souveränität innerlich sehr nervös vor Auftritten.
Der blinde Fleck: Dieser Bereich ist nur für die anderen sichtbar. Man könnte hier vom Unterschied zwischen Selbst- und Fremdwahrnehmung sprechen. In diesem Bereich wird gut formuliertes und vermitteltes Feedback zur wertvollen Erkenntnisquelle. Hier erfährt die Person etwas über sich, das ihr vorher nicht bekannt oder bewusst war.	Das Umfeld spiegelt der Person, dass gerade zu Beginn eines Auftritts die Mimik der Person arrogant wirkt.
Der unbekannte Bereich: Über diesen Bereich weiß weder die Person noch ihr Umfeld etwas. Durch Annahme von Feedback und die Preisgabe von Privatem verkleinert sich dieser Bereich, sofern die dafür notwendige Vertrauensbasis existiert.	Durch die Preisgabe des Geheimnisses der heimlichen Nervosität sowie die Mitteilung über die Wirkung als arrogant, kann es zu einem gemeinsamen Verständnis kommen, bei dem die Person sich erlaubt, die Nervosität zu zeigen und das Umfeld die vermeintlich arrogante Mimik besser zu deuten weiß.

Auch wenn im Beispiel zum blinden Fleck (s. Tabelle) die sinnesspezifische Spezifizierung fehlt, kann eine Aussage wie: *„Ich habe Sie als arrogant erlebt."* oder *„Sie kamen für mich arrogant rüber."* eine wertvolle Information für die angesprochene Person beinhalten. Das Beispiel zeigt jedoch, dass es eine solide Vertrauensbasis braucht, um ein Feedback auf dieser persönlichen Ebene geben zu können. Die wichtigste Voraussetzung für Feedback ist, dass die Haltung stimmt. Die besten Techniken bekommen einen schalen Beigeschmack, wenn der Feedbackgeber es nicht glaubhaft wohlwollend mit dem Feedbacknehmer meint.

Beispiel aus der Praxis

Stellen Sie sich dazu eine Person vor, die sich selbst als hervorragenden Kundenberater einschätzt. Im blinden Fleck könnten die Kollegen oder auch der Vorgesetzte mitteilen, dass es hinter vorgehaltener Hand bereits eine Reihe von Beschwerden seitens der Kunden gab. Das Feedback könnte dann nach der gemeinsamen Klärung der Fakten (Kundenbeschwerden) folgendermaßen formuliert sein [Anmerkungen in eckigen Klammern]: *„Ich als Vertriebsleiter bin über die doch recht hohe Zahl an Beschwerden besorgt.* [Selbstaussage aus der Ich-Perspektive] *Wenn ich Ihnen aus meiner Perspektive dazu ein Feedback geben darf ...?* [Einladung zum Feedbackgeben abwarten] *Ich schätze Ihr Engagement bei der Arbeit sehr. Mir ist jedoch schon mehrfach aufgefallen, dass Sie den Kunden – und übrigens auch Ihren Kollegen – häufiger mal ins Wort fallen und diese dann auch kaum noch zu Wort kommen lassen.* [sinnesspezifische Beobachtung] *Ist es für Sie vorstellbar, bei den nächsten Gesprächen besonders darauf zu achten, dem anderen das Wort zu lassen und Ihren Gesprächsanteil bewusst zu senken?"* Dem Vertriebsleiter steht es frei, neben diesen Feedbacks auch eine klare Erwartungshaltung zu formulieren: *„Ich erwarte, dass sich die Anzahl der Beschwerden im kommenden Quartal deutlich verringert. Abgemacht?"*

2.1.4 Logische Ebenen: Feedback braucht Klarheit!

Rückmeldungen werden falsch verstanden, wenn diese nicht klar sind. Die Unklarheiten lauern dabei auf unterschiedlichen Ebenen. Besonders wichtig ist die Klarheit auf der Ebene der beruflichen Identität: Als Vorgesetzter können Sie unterschiedliche Perspektiven differenzieren und äußern:

- Beurteilung der Leistung des anderen
- Entscheidungen des Unternehmens vermitteln – als „Amtsträger" und Repräsentant des Systems (Anknüpfung an Aspekte aus Ebene 6)
- Persönliches Interesse am Wohlergehen des anderen bzw. Beratung/„Coaching"

Feedback anhand der Logischen Ebenen strukturieren
Nutzen Sie die Logischen Ebenen (Abb. 2.3 von Robert Dilts, 2013; ausführliche Erläuterungen auch bei Goetz und Reinhardt 2016), um sich auf das Gespräch vorzubereiten, Ihr Feedback zu strukturieren und so dem anderen Orientierung zu geben. Verstehen Sie die Fragen (Tab. 2.3) nicht als formale Checkliste, sondern als gedankliche Richtschnur. Schauen Sie sich auch die Beispiele für jede Ebene auf der Infoseite zum Buch an: www.agateno.com/feedback

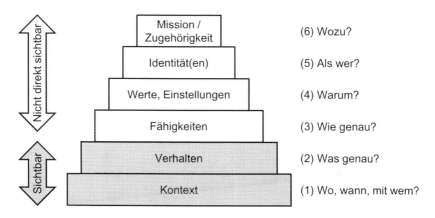

Abb. 2.3   Logische Ebenen (nach Robert Dilts)

Tab. 2.3   Die Logischen Ebenen (nach Robert Dilts) im Feedback

Ebene + zugehörige Kernfrage	Selbstbezug Feedbackgeber	Bezogen auf den Feedback-nehmer
1) Kontext Wo, wann, mit wem?	Wann und wo findet das Feed-back statt?	Auf welche Fakten stütze ich mein Feedback? Um welchen Zeitraum oder welche Ereig-nisse genau geht es?
2) Verhalten Was genau?	Was möchte ich tun und sagen?	Auf welches konkrete Ver-halten beziehe ich mich? Auf was genau bezieht sich mein Feedback? Was genau hat mich gestört bzw. möchte ich anmerken?
3) Fähigkeiten Wie genau?	Auf welche meiner Fähigkeiten möchte ich mich stützen bzw. besinnen (während ich das Feedback gebe)?	Was schließe ich aus meinen Beobachtungen bezogen auf die Fähigkeiten und Kompe-tenzen des Feedbacknehmers? – Machen Sie sich bewusst, dass Sie dessen Fähigkeiten **nicht direkt** sehen können, sondern diese aus seinem Verhalten nur ableiten.
4) Werte, Einstellungen, Vorannahmen Warum?	Was ist mir wichtig daran, jetzt Feedback zu geben? Was möchte ich sicherstellen? Wie denke ich grundsätzlich über Mitarbeiter? Wie speziell über diesen?	Vorsicht – dünnes Eis! Halten Sie sich zurück mit Vermutun-gen über die Werte des anderen. Reflektieren Sie Ihre eigene Position, um mit größerer Klarheit sprechen zu können.

(Fortsetzung)

Tab. 2.3 (Fortsetzung)

Ebene + zugehörige Kernfrage	Selbstbezug Feedbackgeber	Bezogen auf den Feedbacknehmer
5) Identität Als wer?	Aus welcher Position bzw. Identität heraus gebe ich das Feedback? – **Machen Sie dies in Ihrer Formulierung deutlich, damit es keine Verwechslung auf dieser Ebene gibt.** Nutzen Sie ggf. die Gelegenheit, zwischen persönlicher und professioneller Perspektive zu differenzieren.	Als wen spreche ich den anderen an? An welche (berufliche) Identität möchte ich ihn erinnern?
6) Mission, Zugehörigkeit Wozu?	**Höherer Zweck:** Was ist der eigentliche Zweck des Gesprächs – der tiefere Nutzen hinter dem (oberflächlichen) Anlass? Um was geht es mir eigentlich? Um was geht es aus Sicht des Systems – also des Unternehmens bzw. der Organisation? Welchem Zweck dient dieses Gespräch aus Sicht des Systems? **Gemeinsame Mission:** Welche gemeinsame Mission verbindet uns? Was wollen wir gemeinsam im Unternehmen/ in diesem Projekt erreichen? Wozu fühlen wir uns beide zugehörig?	

2.1.5 Systemische Perspektive

Die systemische Perspektive berücksichtigt die Komplexität der erlebten Realität. Sie löst sich vom individuellen Standpunkt und betrachtet das gesamte eingebundene System mit Abstand aus der Meta-Perspektive. Auf diese Weise wird nicht nur die Perspektive des Gesprächspartners deutlicher, sondern v. a. auch die Beziehungen (z. B. Abhängigkeiten), mit denen dieser im System eingebunden ist. Auch die eigene Perspektive (als Feedbackgeber) wird quasi „von oben" betrachtet.

Nützliche Dimensionen zu Inhalt und Art und Weise des Feedbacks

- **Meta-Perspektive:** Nehmen Sie das System (oder die Systeme) wahr, in dem Sie und Ihr Gesprächspartner arbeiten. Untersuchen Sie alle Abhängigkeiten und Wechselwirkungen (Interdependenzen) – auch die der eigenen Handlungen!
- **Eigene Position im System:** Beachten Sie die Wirkung der eigenen Position „als Vorgesetzter" im System. Sie und Ihr Wort (oder auch Ihre Körpersprache) haben eine andere Wirkung als wenn Sie (lediglich) „Kollege" wären.
- **Personell:** Welche Beziehungen existieren im System – für den Gesprächspartner, aber auch für Sie? Wer muss/sollte gefragt oder eingebunden werden? Wer sitzt gedanklich bei einem Gespräch noch „mit am Tisch"? Welche Auswirkungen auf oder Einflüsse durch andere Personen muss Ihr Gesprächspartner – oder auch Sie – berücksichtigen? – Dies können auch angrenzende Systeme sein, wie z. B. familiäre: Arbeitsleistung oder Mobilitätsbereitschaft können von Lebenspartnern, Krankheitsfällen o. ä. beeinflusst sein!
- **Zeitlich:** Welche kurzfristigen und v. a. langfristigen Auswirkungen hat das eigene Handeln? Wie wird der Feedbacknehmer vermutlich zukünftig reagieren, wenn Sie – auf diese Weise – Feedback geben?

2.2 Persönliche Voraussetzungen

2.2.1 Die Haltung macht den Unterschied

Feedback sollte so formuliert sein, dass es für den Feedbacknehmer leicht „zu schlucken" ist. Und das hat vielfach mehr mit der Darreichung des Feedbacks zu tun, als mit dessen Inhalt. Gerade wenn der Inhalt vielleicht bitter ist, kommt es auf die angemessene „Portionierung" an. Dies gilt in gleicher Weise für soziales wie auch Leistungsfeedback. Wer als Führungskraft (oder auch Kollege) mit der Leistung seines Mitarbeiters nicht zufrieden ist, sollte dies offen kommunizieren. Doch gerade kritische Rückmeldungen müssen „ankommen" – und nicht in Abwehrhaltungen münden. Souveräne Rückmeldungen gelingen leichter, wenn man sich der eigenen professionellen Identität bewusst ist und aus einer kongruenten Haltung heraus spricht.

Geisteshaltung
Feedback lebt davon, dass es Ausdruck einer wohlwollenden Haltung gegenüber dem Feedbacknehmer ist.

- **Differenzierung:** Unterscheiden Sie die Handlungen bzw. das Verhalten einer Person von deren (vermuteten) Absichten oder Urteilen zu „dem Menschen" als Person.
- **Ressourcenorientiert:** Stärken Sie die Stärken und weisen Sie auf Potenziale hin, statt auf Fehlern und Schwächen herumzureiten.
- **Menschenbild:** Menschen wollen wirken – und haben Angst davor, wirkungslos zu sein. Sehen Sie in Feedback eine Möglichkeit, dem anderen die Wirksamkeit seines Handelns und Verhaltens bewusst zu machen.

Rückmeldungen mit Herz und Verstand
Nehmen Sie sich also bewusst vor, bereits mit einer anderen inneren Haltung in ein Gespräch zu gehen – gerade dann, wenn es vermutlich herausfordernd wird. Das braucht Mut und eine bewusste Entscheidung (Abb. 2.4).

▶   **Tipp** Bevor Sie in das Gespräch gehen, sagen Sie sich innerlich, aber an den Gesprächspartner gerichtet: *„Ich halte dein Herz. Und ich spreche meine Gedanken klar und frei aus."*

Abb. 2.4 Rückmeldungen
mit Herz und Verstand –
„Ich halte Dein Herz."

2.2.2 Der Moment davor: achtsam Feedback geben

Innere Präsenz gehört zur professionellen Kompetenz jeder Führungskraft – gerade beim Thema Feedback. Das Bewusstsein ist im Alltag fast immer in der Vergangenheit (Erinnerungen) oder in der Zukunft (Pläne, Wünsche, Hoffnungen) unterwegs. Oder der Geist stellt Vermutungen darüber an, was im Kopf des anderen vorgeht. Die folgende Übung hilft Ihnen, sich innerlich zu zentrieren und achtsam zu sein. Sie eignet sich auch gut für den Moment, bevor Sie Feedback geben wollen.

Übung: Einfache Basispräsenz

Diese Übung ist eine einfache, alltagstaugliche Methode, um sich zu erden und präsent zu sein. Sie können diese Übung auch zwischendurch (im Büro, vor Meetings, im Flugzeug etc.) zum Entspannen einsetzen.

1. Sitzen oder stehen Sie bewusst. Nehmen Sie bewusst wahr, wie Sie gerade sitzen oder stehen. Nehmen Sie Ihre Füße wahr, wie sie den Boden berühren.
2. Nehmen Sie nun auch bewusst Ihren Atem wahr, wie er – ganz natürlich und leicht (ohne Anstrengung) in Ihren Körper fließt – und wieder hinaus. Lassen Sie Ihren Atem bewusst tief hinunter strömen bis unter den Bauchnabel (ohne Anstrengung).
3. Erlauben Sie sich die Vorstellung, ein Lichtstrahl würde entlang Ihrer Wirbelsäule durch Ihren Körper scheinen. Richten Sie sich sanft entlang dieses Lichtstrahls aus.

》 **Tipp** Noch kürzer geht es mit der folgenden kurzen Erinnerung an die innere Mitte: Sitzen oder stehen Sie bewusst. Nehmen Sie bewusst Ihren Atem wahr. Sagen Sie sich innerlich: **„Ich bin. – Jetzt. – Hier."** und spüren Sie dabei Ihrer inneren Resonanz nach.

Weitere nützliche Anregungen zur achtsamen Selbstführung finden sich im Ratgeber von Goetz und Reinhardt (2016). Auf der begleitenden Webseite zum Buch (www.auf-dem-pfad.com) finden Sie eine Audiodatei mit einer ausführlicheren, gesprochenen Anleitung zur obigen Übung. Dies erleichtert Ihnen gerade zu Beginn, sich auf den inneren Gedankengang einzulassen.

2.2.3   Feedback braucht Wahrnehmungskompetenz

Damit Feedback einen Mehrwert für den Empfänger schafft, sollte es spezifisch sein. Gerade für soziales Feedback (vgl. Abschn. 1.1.2) gilt: Je konkreter das Verhalten beschrieben wird, auf das sich das Feedback bezieht, desto nützlicher ist es für den Empfänger – und desto wahrscheinlicher ist auch eine gewünschte Verhaltensänderung. Die Kernfrage lautet dabei immer: **Worauf genau bezieht sich Ihr Feedback?** Für soziales Feedback sind dabei mindestens folgende Aspekte relevant:

- **Verhalten:** Was an beobachtbarem Verhalten (absichtsvoll oder auch unbewusst) ist für Ihre Rückmeldung relevant? Woran machen Sie Ihr Feedback fest?
- **Sprache:** 1) **Verbale Aspekte:** Welche Worte oder Formulierungen nutzt der Feedbacknehmer? 2) **Paraverbale Aspekte** (siehe Abschn. 4.4): Auf welche Tonalität der Aussagen beziehen Sie sich in Ihrem Feedback?
- **Körpersprache:** Welche Gestik, Mimik oder anderen körpersprachlichen Aspekte sind relevant?
- **Beziehungen:** Wie bezieht sich der Feedbacknehmer (aus Ihrer Sicht!) auf Sie oder andere Gesprächspartner? Häufig ist nicht das Verhalten allein relevant, sondern das Verhalten **bezogen auf das Verhalten anderer Personen.** *„Als das passierte, reagierten Sie folgendermaßen: …"*

Vermeiden Sie hingegen Generalisierungen im Stile: *„Immer wenn …, machen Sie …"* – Solche absoluten Verallgemeinerungen sind sehr häufig unzutreffend und bewirken Widerstände und eine innere Abwehr- oder Rechtfertigungshaltung beim Feedbacknehmer.

2.3   Organisationale Voraussetzungen: Feedbackkultur

Ihr Feedback findet nicht im Vakuum statt, sondern im Resonanzraum des Unternehmens. Welche Feedbackkultur herrscht im Unternehmen? Auf welchen Nährboden fällt Ihr Feedback? Wie wird mit Fehlern umgegangen? Wie mit Kritik? Wie stark sind begünstigende Faktoren für eine lebendige Feedbackkultur ausgeprägt?

In welchem Resonanzraum findet Feedback statt?
Sie können sich diesen Resonanzraum versinnbildlichen, indem Sie die Positivfaktoren auf einer Skala (im Beispiel Abb. 2.5: 10er-Skala) bezogen auf Ihr Unternehmen bewerten und auf einem „Spinnennetz" abtragen. So ergibt sich ein

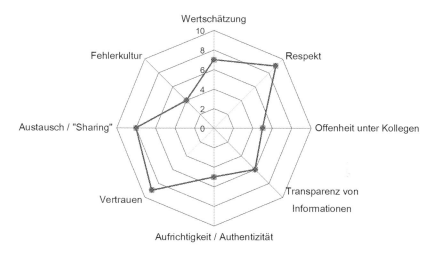

Abb. 2.5 Resonanzraum für Feedback im Unternehmen

mehr oder weniger großer Rahmen, der als Raum für Resonanz verstanden werden kann: je größer der Rahmen, desto mehr Raum für lebendiges Feedback existiert bereits.

Die hier gewählten Dimensionen sind keinesfalls vollständig und eine 10er-Skala kann nicht die gelebte Wirklichkeit im Unternehmen abbilden. Die Darstellung eignet sich jedoch als erste Orientierung.

Nutzen Sie dies, um Ihr eigenes Feedback an die bestehende Kultur im Unternehmen anzupassen. Wer z. B. mit zu viel ungewohnter Offenheit Feedback gibt, kann beim Kollegen oder Mitarbeiter anfangs auf Unverständnis stoßen. Gleichzeitig können Sie natürlich bewusst die Entscheidung treffen, den Rahmen zu überschreiten und so den Raum für Feedback zu weiten – nur Mut!

So geht's nicht: Fehler beim Feedback vermeiden

3.1 Keine Giftpillen füttern

Nützliches Feedback kann für den Feedbacknehmer ein großer Mehrwert sein. Doch was als „Geschenk" überreicht werden soll, kommt im Unternehmensalltag viel zu häufig als Giftpille daher oder wird dem „Betroffenen" so in den Rachen gestopft, dass dieser schwer daran zu schlucken hat. Beinahe tragisch: Häufig sind gerade die gut gemeinten Absichten die größten Fettnäpfchen beim Feedback geben.

3.1.1 Bitte nicht psychologisieren!

Erliegen Sie im beruflichen Rahmen nicht der Versuchung, Deutungen über die psychologische oder charakterliche Konstitution Ihres Gesprächspartners zu äußern. Überlassen Sie dies Psychologen oder Psychiatern. Die eigene Meinung und Einschätzung können nützliche Bestandteile von Feedback sein. Dazu zählen auch Wahrnehmungen zur Person des anderen. Hier ist jedoch Achtsamkeit geboten, denn man begibt sich auf das sprichwörtliche dünne Eis. Menschen reagieren höchst sensibel auf Urteile zur eigenen Person – und zwar umso sensibler, je höher sich der Aspekt auf den Logischen Ebenen (Abschn. 2.1.4) befindet. Aussagen zum Verhalten werden in der Regel leichter (richtig) verstanden (und als Feedback einsortiert) als Aussagen auf den höheren Ebenen.

© Springer Fachmedien Wiesbaden GmbH 2017
D. Goetz und E. Reinhardt, *Führung: Feedback auf Augenhöhe*, essentials,
DOI 10.1007/978-3-658-15731-9_3

Negativbeispiele:

- *„Sie sind [extrovertiert/nervös/beherrscht/...].“*
- *„Man konnte sehen, dass Sie nervös waren, da Sie mit dem Stift gespielt haben.“*

> **Tipp** Bleiben Sie bei der Äußerung wahrnehmbaren Verhaltens. Vermeiden Sie es, psychologische Urteile zu fällen (zu vermeintlichen Einstellungen oder Persönlichkeitsaspekten) – selbst, wenn Sie Ihre „Menschenkenntnis" für gut halten.

3.1.2 Keine Feedback-Sandwiches schmieren

In der Managementliteratur ist häufig der Ratschlag zu lesen, kritisches Feedback in einer positiven Umverpackung zu servieren: positive Aussage zum Einstieg, dann die Kritik bzw. negative Aussage und zum Abschluss wieder eine positive Aussage. Ein nur formales Befolgen dieser Regel ignoriert jedoch, dass Menschen lernen. Und die „Sandwich-Regel" kennen inzwischen nicht nur die meisten Führungskräfte, sondern auch deren Mitarbeiter. Die Mitarbeiter wissen oder ahnen bereits im Vorfeld, dass die positiven Eingangsbemerkungen lediglich die Ouvertüre für das kommende Donnerwetter sind. Statt den kritischen Rückmeldungen den Boden zu bereiten, führt die Fixierung auf das Schema dazu, dass die Mitarbeiter sich für das drohende Unheil rüsten und auch die positiven Bemerkungen nur als taktisches Spiel deuten.

> **Tipp** Vermeiden Sie Formalismen. Jede starre Regel wird durchschaut. Menschen reagieren mit zunehmenden Misstrauen auf jede Art von strategischer „Verführung".

3.1.3 Gefühle nicht unbeherrscht äußern

Zur kompetenten Selbstführung gehört, den Ausdruck der eigenen Emotionen steuern zu können. Jeder Mensch hat das Recht, verärgert, enttäuscht, schlecht gelaunt oder auch begeistert zu sein. Allerdings muss er den Ausdruck dieser Emotionen im beruflichen Kontext regulieren können – sowohl als Mitarbeiter als auch als Führungskraft.

Dazu ein Beispiel: Eine Aussage wie: *„Ich bin enttäuscht von Ihnen"* ist menschlich zu verstehen. Unter bestimmten Umständen kann sie sogar zur Klärung einer Beziehung hilfreich sein. Aber sie kann auch das professionelle Verhältnis zu einem Mitarbeiter vergiften, wenn sie aus einer ungleichen Beziehung heraus geäußert wird, die im Unternehmen schon aufgrund von hierarchischen Unterschieden häufig gegeben ist.

> **Tipp** Prüfen Sie daher Aussagen wie diese aus systemischer und kultureller Perspektive:
>
> - Kommunizieren beide Gesprächspartner auf Augenhöhe miteinander oder liegt dem Gespräch ein asymmetrisches Verhältnis zugrunde (z. B. durch Abhängigkeit oder hierarchischen Status)?
> - Hat der Mitarbeiter auf gleiche Weise die Freiheit, dies so zu äußern?
> - Empfindet er diese Freiheit tatsächlich auch so?
> - Welche Wirkung hat der „Gefühlsausbruch" innerhalb des Systems (dem Unternehmen oder der Abteilung)?

3.1.4   Niemals Generalisierungen oder Unterstellungen formulieren

Oft werden faktische Aussagen (bewusst oder unbewusst) mit einer Unterstellung oder Suggestion verbunden. Dies geschieht in der Regel über eine Verallgemeinerung oder versteckte Ursache-Wirkungs-Behauptung. Diese kann sich auf ein Verhalten beziehen oder direkt als Charakterzuschreibung formuliert sein. [Variationen in eckigen Klammern]

- *„Geht es hier bei der ganzen Diskussion wieder mal nur um Ihre […]?"*
- *„Ihre [aufbrausende/humorlose/fahrige] Art war in diesem Fall nicht hilfreich."* Selbst wenn es in diesem Fall so war, die Generalisierung *„Ihre … Art"* ist eine – manchmal nur schwer zu entdeckende – Unterstellung.
- *„Wenn Sie nicht so zurückhaltend wären, hätten Sie direkt zugegriffen."*
- *„Ich habe da einen Fehler in Ihrer Präsentation gefunden. Sie dürfen nicht immer so fahrlässig sein."*

> **Tipp** Bleiben Sie konkret und spezifisch! (Abschn. 4.1)

3.2   Übung: Falsches Feedback verbessern

Finden Sie die Stolpersteine auf dem Weg zu klarem und wertschätzendem Feedback – und umgehen Sie diese. Auf der Webseite www.agateno.com/feedback finden Sie günstigere Formulierungen zu den aufgeführten Feedbacks.

1. *Ich habe Sie das letzte halbe Jahr als sehr unkonzentriert erlebt.*
2. *Sie sind häufig so unmotiviert.*
3. *Lassen Sie uns ganz offen reden: Warum haben Sie den Auftrag verloren?*
4. *Immer kommen Sie zu spät!*
5. *Ich komme mit Ihrer engstirnigen Art einfach nicht klar.*
6. *Was man so hört, gibt es Probleme zwischen Ihnen und einem Kunden. Was geht da vor?*
7. *Wenn Sie etwas lockerer wären, kämen Sie auch mit den Kollegen besser zurecht.*
8. *Für mich sind Sie vom Typ eher introvertiert.*
9. *Wie können Sie sich Ihr enttäuschendes Abschneiden erklären?*
10. *Das Projekt haben Sie wirklich gut gemeistert. Weiter so!*
11. *So – ich habe jetzt lang und breit erklärt, was Sie besser machen können. Auf geht's – legen Sie los! Und im nächsten Quartal will ich bessere Ergebnisse sehen.*
12. *Vor uns liegen harte Zeiten – ich bezweifle, dass Sie dafür der richtige Typ sind. Wir brauchen Männer aus Schrot und Korn.*
13. *Immer das Gleiche mit Ihnen. Können Sie sich nicht ein Beispiel an den Kollegen nehmen?*
14. *Im Team wird gemunkelt, dass Sie Ihre familiären Probleme nicht in den Griff kriegen.*
15. *Das Projekt läuft seit zwei Quartalen schlecht. Warum sind Sie nicht früher zu mir gekommen?*
16. *Soweit alles in Ordnung mit Ihrem Bericht.*

Bitte beachten

Nicht jede der Aussagen ist „falsches" Feedback. Häufig sind es nur einige unglückliche Worte. Je nach Situation können einzelne Formulierungen auch angemessen sein (z. B. unter befreundeten oder langjährigen Kollegen).

So geht's gut: Wirkungsvolles Feedback, das ankommt

4

4.1 Merkmale von gutem Feedback

Wirkungsvoll ist Feedback dann, wenn es klar und wertschätzend formuliert wird. Denn nur so kommt es beim Gesprächspartner an und hat Chance auf Verwirklichung. Die angemessene Haltung und eine Handvoll Techniken helfen dabei.

In diesem *essential* unterscheiden wir zwischen notwendigen und optionalen Elementen von Feedback. Feedback in diesem Sinne bezieht sich vor allem auf Aspekte des kommunikativen oder zwischenmenschlichen Handelns. Vielfach profitieren jedoch auch Leistungsbeurteilungen von den aufgeführten Aspekten.

> **Zu den notwendigen Bestandteilen von Feedback zählen**
>
> **Wohlwollen des Feedbackgebers:** Alle Analogien von Feedback als Geschenk sind Makulatur, wenn die Rückmeldung nicht mit der angemessenen Haltung geäußert wird. Wer nur den eigenen Frust ablassen oder seinen Status demonstrieren will oder auch aus einer Haltung von Belanglosigkeit heraus agiert, gibt kein Feedback, sondern macht lediglich eine Selbstaussage.
>
> **Ich-Perspektive des Feedbackgebers:** Der Feedbackgeber muss für seine eigene Einschätzung einstehen und dies auch deutlich in der Formulierung ausdrücken (*„Auf mich wirkten Sie in diesem Fall etwas passiv."*

© Springer Fachmedien Wiesbaden GmbH 2017
D. Goetz und E. Reinhardt, *Führung: Feedback auf Augenhöhe*, essentials,
DOI 10.1007/978-3-658-15731-9_4

Statt „Sie sind ja eher als zurückhaltender Mensch bekannt."). Auch wenn er sich der Auffassung einer anderen Person anschließt, muss er dies erkennbar formulieren *(„Einzelne Kollegen haben mir gegenüber geäußert, dass Sie in diesem Fall …").*

Sinnesspezifische Rückmeldung: Der Feedbackgeber muss klarmachen, auf welches Verhalten sich sein Feedback bezieht. Ein Feedback muss sich immer auf sichtbares Verhalten oder andere wahrnehmbare Aspekte beziehen (also auf die untersten beiden Logischen Ebenen). *(„Sie haben während des Gesprächs mehrfach die linke Augenbraue hochgezogen."* Oder *„Sie hatten kaum Blickkontakt mit mir und ich habe während der Präsentation nur Ihren Rücken gesehen.")* In Ergänzung dazu kann der Feedbackgeber kundtun, wie er dieses Verhalten wahrgenommen hat bzw. wie es auf ihn gewirkt hat *(„… und das hat auf mich gewirkt, als seien Sie mit meiner Meinung nicht einverstanden gewesen.").*

Angebotscharakter: Der Feedbackgeber muss sein Feedback so vermitteln, dass es als Angebot wahrgenommen wird. Der Feedbacknehmer muss auch die Option haben, es teilweise oder vollständig nicht anzunehmen – sonst ist es kein Angebot.

Sinnvollerweise enthält das Feedback zudem noch folgende Aspekte

Potenzialorientierung: Die Potenzialorientierung verdeutlicht nicht nur das Wohlwollen des Feedbackgebers, sondern öffnet Perspektiven. Ein Fokus auf dem Negativem hingegen führt häufig zu reinen Fehlervermeidungsstrategien.

Handlungsofferten: Spezifische Handlungsmöglichkeiten geben dem Feedbacknehmer eine konkrete Vorstellung davon, um was es dem Feedbackgeber geht.

Freiwilligkeit: Dieser Aspekt ist sehr wünschenswert, jedoch im beruflichen Kontext nicht immer zu gewährleisten. Wer als Feedbacknehmer aktiv ein Feedback einfordert, ist in der Regel offener auch für deutliche Worte. Im Alltag ist es jedoch nicht selten der Feedbackgeber, der seine Perspektive vortragen möchte. Dann ist neben dem angemessenen Rahmen oft hilfreich, eine rhetorische Frage *(„Darf ich Ihnen ein Feedback dazu geben …?")* als Brücke zu nutzen, um vom Feedbacknehmer eine Einladung zum Feedback zu erhalten.

Dialogbereitschaft: Ein Feedback sollte optimalerweise die Einladung zum Dialog sein und nicht wie ein abschließendes Urteil klingen. Ein

„hingeworfenes" Feedback, das keine Bereitschaft zum weiteren Austausch signalisiert, verhindert, die Perspektive des Feedbacknehmers kennenzulernen.
Zukunftsorientierung: Eine Aussage über die Zukunft erlaubt, danach zu handeln. Rein vergangenheitsbezogene Aussagen führen nur zur Frustration.

4.2 Tipps für erfolgreiches Feedback

Gutes Feedback ist klar und wertschätzend. Als grundlegende Vorgehensweise hat sich folgende Reihenfolge bewährt:

1. **Wahrnehmung:** Was ist Ihnen aufgefallen am Verhalten des anderen?
2. **Wirkung:** Wie hat dies auf Sie gewirkt? Wie schätzen Sie es ein?

Rein soziales Feedback kann im Grunde auch so stehen bleiben. Im beruflichen Kontext ist jedoch häufig auch eine Verhaltensänderung beabsichtigt, v. a. wenn es sich um Leistungsfeedback handelt. Daher kann folgen:

3. **Wünschen/anweisen** – oder auch nur „wirken lassen": Je nach Art der Rückmeldung (siehe Abschn. 1.1.2) fällt die weitere Formulierung aus.
4. **Vereinbaren:** Gerade im beruflichen Kontext geht es um nachhaltige und wirkungsvolle Veränderung. Dazu ist nicht nur eine Rückmeldung des Feedbacknehmers wichtig, sondern auch die Vereinbarung eines gemeinsamen Verständnisses über die zukünftigen Veränderungen.

4.2.1 Mehrwert von Feedback für den Empfänger

Feedback beinhaltet Perspektivpreisgabe. Sinnvollerweise sollten Sie als Feedbackgeber vorab die Perspektive des Feedbacknehmers berücksichtigen, damit Ihre Rückmeldung Chance auf Wirkung hat. Welche Motivation sollte der Empfänger haben, sich zukünftig anders zu verhalten? Sieht man vom rein hierarchischen Machtfaktor ab, liegt die Motivation für eine Verhaltensänderung v. a. im wahrgenommenen Mehrwert für den Feedbacknehmer.

▷ **Tipp** Machen Sie sich vor dem Feedback Gedanken darüber, welchen Nutzen Ihr Feedback für den Empfänger haben könnte und formulieren Sie diesen entsprechend (siehe auch Abschn. 4.3).

4.2.2 Lernen für die Zukunft: Zukunftsorientierung von Feedback

Wir kennen es schon aus der Schule: Alle Bewertungen – in Form von Noten – beziehen sich auf eine Leistung aus der Vergangenheit. Und auch die Bewertungsgespräche im Unternehmen beziehen sich immer auf das, was schon längst hinter uns liegt. Doch was nützt dem Empfänger der Bewertung eine rein vergangenheitsbezogene Betrachtung? Die Bewertung des Vergangenen darf immer nur ein Teil des Feedbacks sein. Der wichtigere Teil ist der zukunftsbezogene Aspekt. In Schulen wie in Unternehmen wird jedoch leider viel zu selten potenzialorientiert gedacht (Hüther 2011).

▷ Aus seinen Fehlern zu lernen, ist sinnvoll. Nicht sinnvoll ist es jedoch, diesen Fehlerfokus beizubehalten. Das Lernen aus Fehlern ist nur dann ein Lernen, wenn es einen Bezug zur Zukunft hat.

Auf dem bereits Vergangenen herumzureiten, das ja ohnehin nicht mehr zu ändern ist, führt zu reinen Fehlervermeidungsstrategien – und behindert häufig eine positive Entwicklung. Und hier ist die Führungskraft gefragt: weniger als bewertender Lehrer, sondern als mutiger „Zukunftsschauer". Die Fehler der Vergangenheit sollen lediglich dazu dienen, die Potenziale der Zukunft zu verwirklichen.

▷ **Tipp** Die Stärken zu stärken ist allemal sinnvoller, als nur die Fehler ausmerzen zu wollen.

4.2.3 Ein gutes Ende finden: Resonanz und Nachhaltigkeit

Ende gut, alles gut – so heißt es. Doch wie finden Sie einen guten Abschluss Ihres Feedbacks?

Resonanz-Check: Angekommen? – Reaktion auf Feedback wahrnehmen
Laden Sie Ihr Feedback nicht nur einfach ab, sondern vergewissern Sie sich, dass dieses auch mental „angekommen" ist beim Feedbacknehmer. Achten Sie dabei

– genau wie bei Ihren eigenen Äußerungen – auf verbale, paraverbale und non-verbale Zeichen von Zustimmung bzw. innerem Registrieren.

> **Tipp** Stellen Sie **Rückfragen,** um sich zu vergewissern, was Ihr Gesprächspartner verstanden hat.

Nachhaltiger Abschluss: Next Steps klar?
Selbst wenn Ihr Gesprächspartner Ihr Feedback versteht und diesem inhaltlich zustimmt – oder Kritik „einsieht" -, heißt das noch lange nicht, dass er weiß, was nun zu tun ist. Selbst wenn der Fehler verstanden ist, ist damit noch nicht unbedingt ein Lösungsweg aufgezeigt. Daher gilt: Vergewissern Sie sich, dass der Feedbacknehmer weiß, welche Schritte er unternehmen sollte, um zukünftig in Ihrem Sinne handeln zu können (Merkmal der Handlungsofferte!). Zudem ist ein gemeinsames Verständnis über die nächsten Handlungsschritte sinnvoll, um im Sinne der Nachhaltigkeit den Erfolg der Verhaltensänderung überprüfen zu können.

> **Tipp** Sofern sich aus dem Feedback Verhaltensänderungen ableiten sollen: Lassen Sie sich schildern, welche (wahrnehmbaren) **nächsten Schritte** sich daraus für Ihren Gesprächspartner ergeben.

4.2.4 Tipps für „negatives" Feedback

Vielen Menschen fällt es schwer, anderen vermeintlich „negative" Rückmeldungen oder Kritik mitzuteilen. Eigene innere Vorbehalte (*„Ich will den anderen nicht verletzten."*) oder auch kulturelle Prägungen (Stichwort: Vermeidung von Scham) verhindern bisweilen offene Worte. Wenn Ihnen dies auch schwer fällt, können die folgenden Tipps helfen, diese Herausforderung leichter zu meistern.

Identitätsklarheit
Verdeutlichen Sie sich, dass Sie in Ihrer Funktion als Führungskraft auch kritische Rückmeldungen geben müssen. Manchmal müssen klare Worte sein. Sprechen Sie im Dienste des Systems – in diesem Fall des Unternehmens –, um auch dann klare Worte zu finden, wenn Sie im persönlichen Bereich die Angelegenheit vielleicht auf sich beruhen lassen würden. Machen Sie sich bewusst, zu welchem höheren Zweck (und sei es das wirtschaftliche Überleben des Systems) Sie in diesem Fall handeln. Anders ausgedrückt: Sie tun dies nicht als „Privatperson", sondern als „Amtsinhaber im Namen des Systems". Machen Sie auch Ihrem

Gesprächspartner deutlich, dass Sie „als Vorgesetzter" sprechen, nicht als Privatperson (oder auch „Freund" oder gar „Therapeut" o. ä.).

Innere Haltung

Je mehr Sie als Feedbackgeber die Überzeugung haben, dass Ihr Feedback dem anderen eine nützliche Rückmeldung zur Entwicklung sein kann, desto eher wird es auch der Feedbacknehmer so sehen. Je wohlwollender und verbindlicher Sie Ihr Feedback ausdrücken, desto größer sind die Chancen, dass Ihr Gesprächspartner Ihr Feedbackangebot auch selbst innerlich prüft – statt sich nur dafür zu rechtfertigen.

Zeitraum definieren

Bevor Sie in das Gespräch gehen, machen Sie sich bewusst, dass es nur einen überschaubaren Zeitraum dauern wird. Egal wie unangenehm die Situation sein mag – sie wird zeitlich ein Ende finden. Das hilft manchmal beim innerlichen „Augen zu und durch".

Zentrierung

Nutzen Sie kurz vor dem Gespräch eine Möglichkeit der inneren Zentrierung. Achtsamkeits- oder Entspannungsübungen sind dazu hervorragend geeignet.

Ressourcen und Potenziale betonen

Machen Sie deutlich, dass Ihre Kritik keineswegs eine „Generalabrechnung" ist. Erwähnen Sie grundlegende oder auch spezifische Kompetenzen und Leistungen des Gesprächspartners, mit denen Sie zufrieden sind. Verfallen Sie jedoch nicht der Versuchung, rein mechanisch „Feedback-Sandwiches" (Abschn. 3.1.2) zu formulieren.

Beziehung pflegen

Äußern Sie Ihr grundlegendes Wohlwollen und die prinzipielle Zuversicht und das Zutrauen, dass der Gesprächspartner als Mitarbeiter weiterhin geschätzt ist. Vorausgesetzt, dies ist auch zutreffend!

Im Anschluss „Ballast" abwerfen

Vorbei ist vorbei. „Reinigen" Sie sich innerlich im Anschluss an ein unangenehmes Gespräch. Machen Sie sich bewusst, dass es überstanden ist. Manchmal hilft tatsächlich ein Schütteln des Körpers, um innere Anspannungen im wahrsten Sinne des Wortes „abzuschütteln".

4.3   Verbale Aspekte: Gute Worte und Formulierungen

Worte sind ein wichtiges Werkzeug für Feedback. Denn sie transportieren nicht nur den Inhalt, sondern haben auch entscheidenden Einfluss auf die Art und Weise, wie Feedback ankommt.

Indem Sie achtsam formulieren, lassen Sie den anderen wissen, dass die dargestellte Sichtweise (lediglich) Ihre Perspektive darstellt. Es ist ein feiner Grat zwischen einer Unterstellung – und einer klaren Ich-Botschaft, wie den folgenden:

- *„Ich nehme Sie als sehr zurückhaltend wahr."*
- *„Ich erlebe Sie als …"*
- *„Ich habe Sie/ die Situation so erlebt, dass Sie …"*
- *„Mir schien es, dass Sie …"*
- *„Aus meiner Perspektive war es so, dass …"*
- *„Als Sie XY gemacht haben, kam mir der Gedanke, dass …"*
- *„Während ich Sie bei dem Vortrag beobachtete, schien es mir, dass Sie …"*

Ich-Formulierungen nutzen
Machen Sie Ich-Aussagen und erheben Sie Urheberschaft auf Ihre Meinung. Sie markieren damit deutlich, wessen Standpunkt Sie vertreten. So banal dies klingt, so häufig wird diese Regel gebrochen.

Feedback per Add-on = zusätzliche Optionen anbieten
Es fällt den meisten Menschen leichter, eine Anregung anzunehmen, wenn diese nicht den Verzicht oder die Einschränkung der bestehenden eigenen Positionen erfordert, sondern lediglich „zusätzlich" gilt. Die meisten Menschen mögen es nicht, wenn ihnen etwas weggenommen wird – und sei es die eigene, selbst als unangemessen erkannte, Verhaltensweise, Auffassung oder Haltung. Ein Teilaspekt der Kunst des Feedbackgebens ist, auf neue Lösungsräume hinzuweisen – statt nur alte Gewohnheiten verbieten zu wollen. Dann empfindet der Feedbacknehmer die Rückmeldung nicht als Verlust.

Passend statt perfekt – Feedback formulieren: ein Beispielsatz
Gutes Feedback zu formulieren, ist eine Kunst. Und Kunst liegt immer auch im Auge des Betrachters. Daher gibt es auch nicht die eine, perfekte Formulierung, um wertschätzend eine Rückmeldung zu geben, die der andere auch noch als nützlich empfindet. Von Tom Andreas (2015) stammt die folgende Formulierung, die sich im Coaching sowie bei Feedback-Trainings bewährt hat:

Gut formuliert

„Ich frage mich, wie es Ihre Möglichkeiten erweitern könnte, wenn Sie beim nächsten Mal zusätzlich [eine Visualisierung einsetzen/Ihre Kernaussagen am Ende noch einmal klar formulieren/ häufiger den Blickkontakt zum Auditorium suchen]. Können Sie sich das vorstellen?"

Die Ich-Perspektive wird klar ausgedrückt und der Feedbacknehmer eingeladen, den Gedanken für sich selbst prüfen. Auch der konkrete Zukunftsbezug wird deutlich sowie eine zusätzliche Handlungsoption angeboten. Alternative Formulierungen, um den Mehrwert für den Feedbacknehmer herauszustellen: „Ich frage mich, ..."

- *„ ... wie Sie davon profitieren könnten, wenn ... "*
- *„ ... ob es sich für Sie positiv auswirken könnte, wenn ... "*
- *„ ... ob es für Sie erleichternd wäre, wenn ... "*

Experimentieren Sie mit unterschiedlichen Feedback-Formulierungen und finden Sie eine Variante, die sich auch für Sie selbst stimmig anhört.

Feedback mit Fragen

Wer Kommunikation und v. a. Feedback als gemeinsamen Prozess ernst nimmt – und nicht bloß als das einseitige Absenden von Botschaften – wird sich automatisch auch für die Perspektive des Gesprächspartners interessieren – und Fragen stellen. **Offene Fragen** (W-Fragen) sind hierbei i. d. R. das Mittel der Wahl, da sie **weniger suggestiv** sind als geschlossene Fragen und Freiraum für neue Sichtweisen lassen.

- *Wie haben Sie Ihr letztes Projekt empfunden? Wie werden Sie weiter vorgehen?*
- *Wo/in welchen Punkten haben Sie sich verbessert?*
- *Was hat Sie dazu bewogen, in diesem Punkt ...?*
- *Wozu/zu welchem Zweck haben Sie ...?*
- *Wodurch sind Sie zu diesem Schluss gekommen?*
- *Welche Optionen stehen dafür aus Ihrer Sicht zur Verfügung?*

Vorsicht ist bei der Frage „Warum?" geboten

Die Frage *„Warum haben Sie diese Entscheidung getroffen?"* kann eine innere Not zur Rechtfertigung erzeugen. Denn „Warum?" fragt immer nach einem

Grund und unterstellt ein Motiv, eine bewusste Absicht. Das Gleiche gilt für „*Wieso?*" oder auch für „*Weshalb?*" oder „*Weswegen?*" (wobei Letztere häufig noch am akzeptabelsten erlebt wird).

- „*Warum haben Sie nach der Kündigung Ihrer letzten Stelle so viel Zeit verstreichen lassen, bis Sie eine neue Stelle angetreten haben?*"
- „*Warum haben Sie die Vereinbarungen nicht eingehalten/die Zielvorgaben nicht erreicht?*"

Fragen wie diese sind geeignet, den Interviewten unruhig auf dem Stuhl herumrutschen zu lassen. Es sind also perfekte Fragen, um dem anderen ein schlechtes Gewissen einzureden – doch wenig hilfreich, um die wahren Beweggründe und Umstände einer Entscheidung oder eines Geschehnisses zu beleuchten. Doch was ist eine bessere Frage als „Warum"? – Ersetzen Sie in den obigen Fragen das Wort „warum" durch:

▷   *„Wie kam es dazu, dass Sie …?"*

Prüfen Sie, welchen Unterschied Sie empfinden, wenn Sie die Fragen auf diese Weise hören. Vermutlich fühlen Sie sich durch diese Formulierung weniger angegriffen und Ihnen kommen auch andere Gedanken in den Sinn. Diese Formulierung unterstellt Ihnen nämlich kein Motiv mehr, sondern lässt offen, ob es eine bewusste Entscheidung war – oder der Rahmen („die Umstände") eine bestimmt Entwicklung nahegelegt haben.

Brücken bauen und Zustimmung einholen
Gestalten Sie eine kooperative Gesprächsatmosphäre, in der Ihr Feedback tatsächlich ankommt. Statt sich jedoch mechanisch an vorgegebene Regeln zu halten (Stichwort: Feedback-Sandwiches), bauen Sie vielmehr eine Brücke des gemeinsamen Verständnisses. Das geht leicht, wenn Sie Ihrem Gesprächspartner bei passender Gelegenheit zustimmen – und ihn einladen, Ihnen bzw. der gemeinsamen Auffassung zuzustimmen. Dazu markieren Sie regelmäßig gedankliche Zwischenschritte, zu denen Sie die Zustimmung durch kurze Formulierungen abfragen:

- „*Passt das so für Sie?*"
- „*Ist Ihnen das recht?*"
- „*Ist es okay, wenn wir jetzt …?*"
- „*Abgemacht?*"
- „*Soweit stimmig für Sie?*"

- *„Ist das plausibel?"*
- *„Sind wir mit diesem Zwischenschritt auf dem richtigen Weg?"*

Nur für die Goldwaage?

Manch einer wird jetzt vielleicht denken, dass diese sprachlichen Spitzfindigkeiten doch arg untauglich für den Alltag sind und dort ohnehin keinen Unterschied machen. Das Gegenteil ist jedoch der Fall: Gerade in schwierigen Situationen neigen Menschen dazu, jedes Wort auf die sprichwörtliche Goldwaage zu legen. Wer dann die Kommunikation mit gedanklicher Klarheit und sprachlicher Kompetenz steuern kann, hat handfeste Vorteile im täglichen Miteinander.

4.4   Paraverbale Aspekte: So können Sie es sagen

Sprachliche Differenzierung ist kein Selbstzweck, sondern hat unmittelbare Auswirkungen auf das Erleben eines Menschen. Üblicherweise unterscheidet man Kommunikation in sprachliche (verbale) und nicht-sprachliche (nonverbale) Aspekte. Darüber hinaus gibt es jedoch noch Aspekte des gesprochenen Wortes, die nicht von den Elementen der verbalen Kommunikation abgedeckt sind. Diese werden als paraverbale Aspekte der Sprache bezeichnet und umfassen zum Beispiel:

- Lautstärke der Stimme
- Sprechtempo
- Sprechpausen
- Betonung einzelner Wörter oder Satzteile
- Sprachmelodie (monoton, „Singsang" etc.)
- Stimmlage (hoch/tief)
- Artikulation (deutlich/undeutlich)

Vereinfacht könnte man sagen:

> **Paraverbale Aspekte werden gehört,** während (die meisten) **nonverbalen Aspekte** von Kommunikation **gesehen** werden.

Der Spruch „Der Ton macht die Musik" wird häufig dann angebracht, wenn eine Aussage, Frage oder Forderung als unangemessen vorgetragen empfunden wird. Dies kann Aspekte der Formulierung (und damit verbale Aspekte) betreffen. Nicht selten ist es jedoch gerade tatsächlich der Tonfall, der einen relevanten Unterschied macht.

Authentisch und kongruent wirken Sie, wenn Ihre formulierten Aussagen zu den wahrgenommenen Körpersignalen und paraverbalen Aspekten passen. Ihre Stimme transportiert dabei enorm viel an Bedeutung. Beachten Sie also zukünftig unbedingt auch, **WIE** Sie etwas sagen – nicht nur, was Sie sagen. Weitere Informationen und Übungen zum bewussten Einsatz von paraverbalen Sprachaspekten bei Goetz und Reinhardt (2016).

4.5   Nonverbale Aspekte: Über Körpersprache Haltung verkörpern

Auch mit Ihrem Körper sprechen Sie – bewusst und unbewusst. Zu den nonverbalen Aspekten gehören Mimik, Gestik, Blickrichtung während des Sprechens, Körperhaltung und Distanz zum Gesprächspartner (Proxemik), aber auch Aspekte von Körpergeruch (Atem, Schweiß, Parfüm etc.) oder Berührung. Setzen Sie Ihren Körper bewusst ein, sodass Ihr Feedback besser ankommt.

Externalisierung: nicht immer starren hilft
Waren Sie schon einmal in einer Situation, in der Sie „Auge in Auge" mit jemandem eine konfrontative Diskussion geführt haben? Es gibt einen sehr einfachen und dabei äußerst nützlichen Trick, um das Konfrontationspotenzial in einer Feedbacksituation zu verringern: Die **Körperhaltung** bzw. **Stellung der Gesprächspartner** zueinander hat einen entscheidenden Einfluss darauf, wie diese sich gegenseitig wahrnehmen. Bei einer Konfrontation stehen sich die Kontrahenten frontal gegenüber (Abb. 4.1). Stehen die Gesprächspartner hingegen

Abb. 4.1   Kritische Aspekte externalisieren

nebeneinander und schauen in den gleichen Raum, entsteht eine viel kooperativere Konstellation. Tom Andreas (2015) spricht von der „Arbeitsbühne", auf der die Themen verhandelt werden.

▷   Wenn beide Gesprächspartner in dieselbe Richtung schauen, steht das Problem nicht mehr zwischen ihnen. Vielmehr stehen sie gemeinsam an der Werkbank, untersuchen ein Thema und beleuchten es aus unterschiedlichen Perspektiven.

In der Literatur ist dieses „Herausziehen" des Themas aus der zwischenmenschlichen Ebene als Externalisierung bekannt.

Argumente positionieren

Auf einem Tisch können Stifte, Gläser oder Zettel zusätzlich unterschiedliche Aspekte oder Personen repräsentieren und so das gedankliche Bild noch besser abbilden. So können während eines Gesprächs unkompliziert die Argumente auf der einen Seite (erstes Glas) den Argumenten auf der anderen Seite (zweites Glas) auf der Tischplatte gegenübergestellt werden. Zusätzlich könnte eine weitere Perspektive (zum Beispiel die Geschäftsleitung, der Kunde, die Konkurrenz oder die Zulieferer – symbolisiert durch unterschiedliche Moderationsmarker) aufgestellt werden. Diese **Aufstellung von Argumenten, Perspektiven und Personen sortiert die Gedanken** und erleichtert es in der Folge auch, immer wieder darauf zurückzukommen, indem man mit dem Finger auf die Gegenstände zeigt.

Bloß nicht schulmeistern

Aus der Kindheit sind wir sehr daran gewöhnt, auch beim Zuhören Augenkontakt zu halten. *„Schau mir in die Augen, wenn ich mit dir rede!"* ist ein immer noch verbreiteter Erzieherspruch. Was für die mäandernde Aufmerksamkeit eines Kindes möglicherweise noch eine gelegentliche Berechtigung hat, ist dem eigenständigen Denken jedoch abträglich. Denn durch die Fixierung auf die andere Person – oder sogar deren Augen – ist man nicht mehr „bei sich selbst". Eigenständiges Denken fällt den meisten Menschen leichter, wenn sie sich von dieser sozialisationsbedingten Fixierung befreien.

Praxis-Experiment

Probieren Sie während eines normalen Gesprächs die unten genannten unterschiedlichen Positionen aus und nehmen Sie die Unterschiede wahr.

Frontale Position: Sie stellen sich frontal dem anderen gegenüber und halten möglichst häufig langen Blickkontakt aufrecht, sowohl beim Sprechen als auch beim Zuhören.

Externalisierte Sprechposition: Sie stellen sich im 45-Grad-Winkel seitlich neben den Gesprächspartner und lösen den Blickkontakt immer wieder einmal. Schauen Sie stattdessen bewusst auf einen imaginären Punkt vor Ihnen, den Sie mit Gesten zusätzlich andeuten.

Hilfreiche Hände

Die Zuhilfenahme der Hände ist gerade bei unterschiedlichen Argumenten oder Aspekten sinnvoll, um diese im Geiste zu sortieren. Die Hände im Raum helfen dabei, die Gedanken im Kopf zu entzerren, zu sortieren oder auch zu gruppieren. Die Kultur im deutschsprachigen Raum ist im globalen Vergleich eher arm an Gestik oder Mimik. Hier können wir von anderen Kulturräumen (z. B. dem Mittelmeerraum) lernen. Es geht dabei nicht um wildes Herumfuchteln, sondern um den **bewussten Einsatz** der Hände. Denn:

> Die **Hände machen Argumente „begreifbar" und verorten sie im Raum.** Wer dies bewusst einsetzt, argumentiert anschaulicher und nachvollziehbarer.

Weitere Argumente zum bewussten Einsatz der Körpersprache zur Steuerung von Gesprächen finden sich bei Goetz und Reinhardt (2016).

4.6   Den richtigen Moment in Raum und Zeit finden

Feedback sollte – unabhängig vom Inhalt – gut portioniert angeboten werden. Hier ist ein kontinuierliches Mikrofeedback in der Regel vorteilhafter, als eine gewichtige und pro forma erteilte Rückmeldung einmal im Jahr.

4.6.1   Takt & Timing: Den richtigen Zeitpunkt wählen und einen Rhythmus finden

Feedback zeitnah geben

Feedback sollte möglichst zeitnah gegeben werden. Zeitnah heißt in diesem Fall allerdings nicht unbedingt sofort. Gerade bei kritischen Rückmeldungen ist es angeraten, den passenden Rahmen abzuwarten. Unmittelbar im Anschluss an eine kritikwürdige Situation ist die Stimmung oft aufgeheizt und nicht kooperativ genug. Feedback sollte allerdings auch nicht verschleppt werden. Der empfundene Zusammenhang zwischen dem gemachten Fehler und der ausgesprochenen Kritik schwindet, wenn zu viel Zeit zwischen beiden Ereignissen verstreicht.

Mikrofeedback: regelmäßig – nicht pro forma
Warten Sie nicht auf das jährliche Mitarbeitergespräch, um Ihren Mitarbeitern Feedback zu geben. Eine Rückmeldung nur einmal im Jahr, Halbjahr oder Quartal vergeudet in aller Regel das Potenzial, das in wertschätzendem Feedback liegt.

Mikrofeedback
Nutzen Sie auch im beruflichen Alltag die Gelegenheit, Ihren Mitarbeitern (oder auch Kollegen) Rückmeldungen zu geben. Befreit von den rechtlichen Aspekten, die mit formellen Mitarbeitergesprächen verbunden sind, wird auch Ihr Gesprächspartner Ihr wertschätzendes Feedback viel eher als nützliches Geschenk empfinden. Etablieren Sie eine Kultur des kontinuierlichen und regelmäßigen Feedbacks, indem Sie es z. B. auch ritualisiert in Team-Meetings einbauen.

Timing
Wählen Sie das Timing für Ihr Feedback sorgsam. Wenn Sie den anderen „zwischen Tür und Angel" erwischen, wird er Ihnen kaum zuhören, selbst wenn er eigentlich offen für das zu besprechende Thema ist. Erlauben Sie sich und dem Gesprächspartner daher immer, sich gedanklich auf ein wichtiges Gespräch vorzubereiten.

Vollkontakt mit voller Aufmerksamkeit
Sorgen Sie dafür, dass Sie Ihrem Gesprächspartner in dieser Zeit **ungestört** Ihre volle Aufmerksamkeit widmen können. E-Mail und Smartphone verleiten viele Menschen dazu, immer wieder auf den Bildschirm zu schauen. Dies verhindert eine achtsame Kommunikation und wird zudem vom anderen leicht als Respektlosigkeit interpretiert.

Separator   Als Separator wird eine (oft handlungsbasierte) Veränderung bezeichnet, die den kommunikativen oder gedanklichen Fluss kurz unterbricht und so eine leichtere gedankliche Neuorientierung erlaubt.

Separatoren bewusst einsetzen
Separatoren schaffen gedankliche und emotionale Klarheit. Menschen neigen dazu, Gedanken innerlich zu vermischen, gerade wenn es sich um emotional anspruchsvolle Themen handelt (wie zum Beispiel bei Leistungsbeurteilungen oder Feedback im Mitarbeitergespräch).

- **Machen Sie Themenwechsel deutlich und markieren Sie diese auch sprachlich.** Nicht selten werden bei einem Gespräch unterschiedliche Themen angesprochen. Wenn man ohne Unterbrechung von einem zum anderen „huscht", entsteht Konfusion über das Gesagte. Besser ist es, Themenwechsel explizit zu markieren und besprochene Themen auf diese Weise gedanklich abzuschließen (*„Okay, belassen wir es im Moment dabei."* Oder: *„Gut, haben wir das."*). Zusätzlich kann ein visuelles Abhaken auf einem Zettel oder Flipchart hilfreich sein.
- **Notizen machen:** Stehen Sie auf und notieren Sie etwas am Whiteboard oder Flipchart, ggf. auch als Zeichnung. Dies fasst nicht nur Aspekte und Auffassungen zusammen, sondern setzt auch einen gedanklichen Marker bei allen Anwesenden.

4.6.2 Den Raum nutzen

Die Gestaltung des Raums gehört ebenso zur Inszenierung wie jene des zeitlichen Ablaufs. Auch hier sind es wieder die Kleinigkeiten, die einen relevanten Unterschied machen können.

Passender Kontext

Achten Sie darauf, einen störungsfreien Kontext zu finden, der dem Anlass gerecht wird. Dies betrifft nicht nur offizielle Mitarbeitergespräche, sondern auch die alltäglichen Aussprachen (z. B. auch Kritikäußerungen). Beachten Sie vor allem die (Nicht-)Anwesenheit von anderen Personen, um einen empfundenen Gesichtsverlust zu vermeiden.

Das „Territorium" bewusst wählen

Es kann einen enormen Unterschied machen, ob Sie einen Mitarbeiter in Ihr Büro bitten, ihn an dessen Arbeitsplatz aufsuchen oder einen neutralen Ort für das Gespräch wählen. Wer hinter einem wuchtigen Schreibtisch auf seinem Chefsessel thront, signalisiert nicht, dass ihm an einer Kommunikation auf Augenhöhe gelegen ist.

Sitzposition bewusst einrichten

Erinnern Sie sich an das in diesem Kapitel vorgestellte Prinzip der Externalisierung und wenden Sie es vorausschauend auf die Sitzkonstellation im Besprechungsraum an.

Perspektive des Gesprächspartners
Setzen Sie sich vorab auf den Platz, an dem der andere sitzen wird. So fällt Ihnen vielleicht schon im Voraus auf, falls das Licht des Fensters auf diesem Platz blendet, weil die Jalousien offen sind. Sie vermeiden so auch, die zusammengekniffenen Augen des anderen später als kommunikatives Signal falsch zu interpretieren.

4.7   Checkliste für Ihr nächstes Feedback

Erfüllen Sie die 12 Kriterien für klares und wertschätzendes Feedback?

- Gebe ich das Feedback aus einer **wohlwollenden Haltung** heraus?
- Bin ich innerlich **zentriert** und „bereit" für **achtsames** Feedback?
- Passt die Situation (**Ort und Zeit**)?
- Spreche ich für mich selbst oder mache ich zumindest klar, wann ich **Perspektiven** von anderen wiedergebe?
- Unterscheide ich meine **professionelle Rückmeldung als Führungskraft** (bzw. Kollege etc.) von meiner persönlichen Einschätzung (falls nötig)?
- Sind sowohl meine Haltung als auch meine **Formulierung** so, dass das Feedback als Angebot verstanden werden kann?
- Nenne ich **spezifische** Situationen und Verhaltensweisen, auf die sich mein Feedback bezieht?
- Unterlasse ich **Generalisierungen** sowie Aussagen zur **Persönlichkeit** bzw. Person als solcher?
- Drücke ich aus, welches **Potenzial** ich in dem anderen sehe?
- Biete ich **zukunftsorientierte Handlungsofferten** an, die für den anderen nützlich sein könnten?
- **Gegencheck:** Könnte der andere mir das Feedback in dieser Form geben – und würde ich es als angemessen erleben (unabhängig vom Inhalt)?
- Nehme ich die **Resonanz** beim Feedbacknehmer wahr? Kläre ich zukünftige **Erwartungshaltungen** (indem wir z. B. Vereinbarungen treffen)?

Es geht dabei nicht um die rein mechanische Erfüllung der einzelnen Punkte. Oft ist es mit der angemessenen Haltung auch dann möglich, ein gutes Feedback zu geben und den richtigen Ton zu treffen, wenn man einzelne Aspekte auslässt. Jedoch geben die aufgeführten Punkte eine gute Orientierung, um den Prozess des Feedbackgebens erfolgreich zu gestalten.

Vorbild sein: Gut Feedback nehmen

5

Feedback geben ist das eine. Feedback einholen und annehmen das andere. Doch es geht hier nicht um das Austeilen oder Einstecken. Wer so denkt, hat die Haltung zum Feedback noch nicht verinnerlicht. Eher geht es darum: Wer Geschenke verteilt, muss auch welche akzeptieren.

Eine gute erste Frage für Führungskräfte ist häufig:

- Wie denke ich selbst über Feedback und Kritik?
- Bin ich Vorbild für meine Mitarbeiter, wenn es um das Feedbacknehmen geht?

Führungskräfte haben die Not und Pflicht gleichermaßen, sich mit Resonanz zu versorgen. Im stillen Kämmerlein hungern Top-Führungskräfte oft nach Resonanz. Wie alle Menschen wollen sie gern Positives hören. Aber nichts ist schlimmer, als zu wissen, dass man gar kein echtes Feedback mehr bekommt, sondern die Mitarbeiter einem nur noch nach dem Mund reden.

5.1 Eine offene Haltung signalisieren

Kritisches Feedback wird häufig dann als unangemessen erlebt, wenn man innerlich nicht dafür bereit ist. Die folgenden Anregungen helfen Ihnen, sich innerlich für die Feedbacksituation zu öffnen.

© Springer Fachmedien Wiesbaden GmbH 2017
D. Goetz und E. Reinhardt, *Führung: Feedback auf Augenhöhe,* essentials,
DOI 10.1007/978-3-658-15731-9_5

Dank aussprechen

Unterschätzen Sie nicht, dass es manche Menschen Überwindung kostet, ein Feedback zu geben. Würdigen Sie dieses Bemühen, indem Sie das Feedback als Preisgabe einer Perspektive sehen und dem anderen dafür danken, selbst wenn Sie eine völlig andere Sicht der Dinge haben (*„Danke, dass Sie mir Ihre Perspektive geschildert haben."*).

Seien Sie wohlwollend gegenüber ungeschickten Formulierungen Ihres Feedbackgebers und nehmen Sie ihm diese nicht übel. Metaphorisch gesprochen: Schmeißen Sie nicht das Geschenk weg, nur weil die Verpackung hässlich ist.

Kenntnisnahme ist nicht gleich Annahme

Ein Feedback von vornherein abzuweisen, ist nicht nur eine verpasste Gelegenheit zur Perspektiverweiterung. Es ist auch häufig eine Belastung für die Beziehung zum Feedbackgeber. Allerdings zwingt Sie niemand, ein achtsam und mit Wertschätzung zur Kenntnis genommenes Feedback auch anzunehmen. Sagen Sie also nicht automatisch eigene Verhaltensänderungen zu, wenn Sie selbst eine andere Auffassung haben. Interessieren Sie sich eher dafür, wie es dazu kam, dass der andere Sie so wahrnehmen konnte, um auf diese Weise Ihren „blinden Fleck" zu erkunden. Entscheiden Sie erst dann, ob Sie Ihr Verhalten ändern wollen.

Die zeitliche Passung erhöhen

Nehmen Sie sich die Freiheit, den Zeitpunkt des Feedbacks zu beeinflussen. Es ist ein Zeichen von Fairness, dem anderen zu signalisieren, wenn es nicht der richtige Zeitpunkt für das Feedback ist (*„Gerne nehme ich mir die Zeit für Ihr Feedback. Jetzt im Moment bin ich allerdings nicht offen dafür. Mein Kopf steckt gerade mitten im Projektabschluss. Kann ich dazu kommende Woche auf Sie zukommen?"*).

Nehmen Sie sich auch die Zeit, ein Feedback in Ruhe zu reflektieren. Fühlen Sie sich nicht gedrängt, eine unmittelbare Erwiderung aussprechen zu müssen (*„Danke für diese Rückmeldung. Ich muss das ein wenig sacken lassen. Passt das für Sie?"*).

5.2   Nützliche Formulierungen

Worte drücken Haltungen aus – und bereits einzelne Formulierungen können einen großen Einfluss auf die Bereitschaft des Feedbackgebers haben, seine Perspektive zu teilen.

Hinterfragen – nicht infrage stellen

Sie haben bereits gelesen, warum „Warum?" eine schlechte Frage sein kann. Auch für das Erkunden von Feedback gilt: Besser als die motivunterstellende Frage „Warum?" ist häufig die Formulierung: *„Wie kommen Sie darauf?"*, die sich für das Wie interessiert und dem anderen die Chance gibt, seine Perspektive näher darzustellen: *„Ach, interessant, das war mir gar nicht bewusst. Können Sie das näher erläutern?"*

Wenn Sie sich tatsächlich für die Motive des anderen interessieren, ist die folgende Frage geeigneter: *„Um was geht es Ihnen, wenn Sie mich darauf [den Aspekt XY] hinweisen?"* Dies gilt vor allem dann, wenn der Gesprächspartner Feedback auf ungeschickte Weise gibt, z. B. in Form einer Anklage.

„Ja. Und …" – statt „Ja, aber …"

Sie werden es selbst schon in Diskussionen oder auch Feedbackgesprächen erlebt haben: Die Formulierung *„Ja, aber …"* signalisiert zwar formal eine Zustimmung, bedeutet im Klartext aber „Nein." Zumindest schränkt es die Meinung oder die Argumente des Gesprächspartners ein und weist diese ganz oder teilweise zurück. In der Folge will der andere natürlich seinen Standpunkt zurückerobern – und es kommt schnell zu Grabenkämpfen, in denen weniger um die guten Ideen gerungen, als vielmehr die eigene Position verteidigt wird.

Eine kleine, aber wirkungsvolle Veränderung kann Sie befähigen, das Wesen der Kommunikation deutlich entspannter und kooperativer zu halten. Tauschen Sie *„Ja, aber …"* einfach durch *„Ja. Und …"* aus.

- **Schritt 1 („Ja."):** Nehmen Sie das Argument des anderen würdigend zur Kenntnis. Senken Sie die Stimme, so wie Sie es am Ende eines Satzes ganz natürlich tun.
- **Schritt 2 (Pause):** Setzen Sie eine minimale Pause als Separator ein.
- **Schritt 3 („Und …"):** Führen Sie Ihre Perspektive aus.

Probieren Sie es aus – in einem Feedbackgespräch oder auch sonstigen Konversationen.

Was Sie aus diesem *essential* mitnehmen können

Nützliches Feedback muss klar und wertschätzend sein – dann kommt es auch an!

- **Identitätsklarheit:** Machen Sie sich bewusst, „als wer" Sie Feedback geben und nutzen Sie die Logischen Ebenen als Orientierung für sich und den Gesprächspartner.
- **Konstruktivismus:** Menschen sehen (immer) nur einen Teil der Wirklichkeit.
- **Differenzierung:** Unterscheiden Sie die Handlungen bzw. das Verhalten einer Person von deren (vermuteten) Absichten oder Urteilen zu „dem Menschen" als Person.
- **Ressourcenorientiert:** Stärken Sie die Stärken und weisen Sie auf Potenziale hin, statt auf Fehlern und Schwächen herumzureiten.
- **Geisteshaltung:** Ihre Haltung sollte geprägt sein von Respekt und Wohlwollen dem Gesprächspartner gegenüber.
- **Menschenbild:** Was und wie denken Sie grundsätzlich über Menschen? Prüfen Sie, inwiefern dies zu klarem und wertschätzendem Feedback passt. Menschen wollen wirken – statt wirkungslos sein. Sehen Sie sich als Ermöglicher für dieses Wirken?
- **Achtsamkeit und Impulskontrolle** gehören zur Selbstführung: Gehen Sie innerlich zentriert in jedes Feedbackgespräch.
- **Gutes Feedback** ist spezifisch, zukunfts- und potenzialorientiert und offeriert Handlungsmöglichkeiten.
- Haltung drückt sich aus in Formulierung **(verbal)**, Tonalität **(paraverbal)** und Körpersprache **(nonverbal).**
- **Regelmäßiges Mikrofeedback** ist besser als (halb-)jährliche und pro forma geführte Mitarbeitergespräche. Entkoppeln Sie beides, falls nötig.

© Springer Fachmedien Wiesbaden GmbH 2017
D. Goetz und E. Reinhardt, *Führung: Feedback auf Augenhöhe*, essentials,
DOI 10.1007/978-3-658-15731-9

- **Ort & Zeit** müssen passen – sowohl für Sie als auch Ihren Gesprächspartner.
- **Als Führungskraft sind Sie Vorbild** – auch, ob und inwiefern die Feedbackkultur im Unternehmen gelebt wird.

Literatur

Andreas T (2015) Unveröffentlichtes Skript, Köln (www.tomandreas.de)

Badura B, Ducki A, Schröder H et al (2011) Fehlzeiten-Report 2011 – Führung und Gesundheit. Springer, Berlin

Bauer J (2006) Prinzip Menschlichkeit: Warum wir von Natur aus kooperieren. Hoffmann und Campe, Hamburg

Dilts R, De Lozier J, Bacon Dilts D (2013) NLP II – die neue Generation: Strukturen subjektiver Erfahrung – die Erforschung geht weiter. Junfermann, Paderborn

Goetz D, Reinhardt E (2016) Selbstführung: Auf dem Pfad des Business-Häuptlings. Springer Gabler, Heidelberg

Gunther McGrath R (2014) Das Zeitalter der Empathie. In: Harvard Business Manager. http://www.harvardbusinessmanager.de/blogs/manager-brauchen-neuen-fuehrungsstil-a-987288-2.html. Zugegriffen: 3. Aug. 2016

Heubruck D (2010) Gedächtnispsychologische Grundlagen der Zeugenvernehmung. Kriminalistik 2(2010):88–94

Hüther G (2011) Was wir sind und was wir sein könnten: Ein neurobiologischer Mutmacher. Fischer, Frankfurt a. M.

Kasten E (2011) Wenn das Gehirn sich auf einen Trip macht. In: Spektrum der Wissenschaft: Gehirn & Geist – Das Magazin für Psychologie und Hirnforschung, 11/2011 S 37–39. http://www.spektrum.de/magazin/bilder-im-dunkeln/1124557. Zugegriffen: 4. Aug. 2016

Schulz Thun F von (1981) Miteinander Reden. 1: Störungen und Klärungen. Rowohlt, Reinbek

Sprenger R (2012) Radikal führen. Campus, Frankfurt a. M.

Stajkovic AD, Luthans F (2003) Behavioral management and task performance in organizations: conceptual background, meta-analysis, and test of alternative models. Pers Psychol 56:155–194. doi:10.1111/j.1744-6570.2003.tb00147.x

Tödtmann C (2015) Gallup-Studie zu Mitarbeiter-Engagement: Die Meisten schieben nur Dienst nach Vorschrift – hinter ihrem Unternehmen stehen sie nicht. In: Management Blog der Wirtschaftswoche. http://blog.wiwo.de/management/2015/03/11/gallup-studie-zu-mitarbeiter-engagement-die-meisten-schieben-nur-dienst-nach-vorschrift-hinter-ihrem-unternehmen-stehen-sie-nicht. Zugegriffen: 4. Aug. 2016

© Springer Fachmedien Wiesbaden GmbH 2017
D. Goetz und E. Reinhardt, *Führung: Feedback auf Augenhöhe*, essentials,
DOI 10.1007/978-3-658-15731-9

Watzlawick P, Beavin JH, Jackson DD (2011) Menschliche Kommunikation. Huber, Bern
Wells GL, Loftus E (2013) Eyewitness memory for people and events. In: Goldstein AM
    (Hrsg) Handbook of Psychology, Forensic Psychology, Bd 11. Wiley, Hoboken, S 617–629

Printed in the United States
By Bookmasters